학문을 키워주는 미래로의 산책

온고지신
인문학

에게 드립니다

온고지신(溫故知新)

'온고(溫故)'는 옛것을 익힌다는 뜻이고, '지신(知新)'은 새것을 안다는 뜻으로
새로운 것을 알기 위해서 옛것을 익히고 배워야 한다.

온고지신 인문학 6

원저:노자 / 편저:박일봉

일봉 노자 도덕경

개정판

육문사
Yukmoonsa

온고지신 인문학 6

일봉 노자 도덕경

초판 1쇄 | 2016년 3월 15일 발행

원저자 | 노자
편저자 | 박일봉
교　정 | 이정민
디자인 | 인지숙
펴낸이 | 이경자
펴낸곳 | 육문사

주소 | 서울 마포구 월드컵로 11길 35, 101동 502호
전화 | 02-336-9948
팩시밀리 | 02-337-4315
출판등록 | 제313-2011-2호 (1974. 5. 29)

ISBN　978-89-8203-027-7　04140
　　　　978-89-8203-100-7 (세트)

국립중앙도서관 출판시도서목록(CIP)

```
(일봉) 노자 도덕경 / 원저자: 노자 ; 편저자: 박일봉. --
서울 : 육문사, 2016
    p. ;    cm. -- (온고지신 인문학 ; 6)

한자표제: 老子 道德經
원표제: 道德經
원저자명: 老子
중국어 원작을 한국어로 번역
ISBN  978-89-8203-027-7 04140 : ₩13000
ISBN  978-89-8203-100-7 (세트) 04140

도덕경[道德經]

152.222-KDC6
181.114-DDC23                    CIP2016003806
```

一峰 老子 道德經

노자 도덕경을 시작하며……

노자(老子) ≪도덕경(道德經)≫에 대하여

노자의 저서를 흔히 ≪도덕경≫이라고 부른다. 이것은 상편(上篇)의 제1장 첫머리에서 "도(道)라고 불리는 도는 참다운 도가 아니고, 이름으로 불리는 이름은 변함없는 이름이 아니다. 이름조차 없음은 하늘과 땅의 시작이고, 이름이 있음은 만물의 어머니이다." 라는 제1장의 도(道)와, 하편(下篇)의 제38장 첫머리에서 "뛰어난 덕(德)을 지닌 사람은 덕을 마음에 두지 않기 때문에 덕을 지니게 된다. 그러나 덕이 적은 사람은 덕을 잃지 않으려고 애쓰기 때문에 덕이 없게 마련이다. 뛰어난 덕을 지닌 사람은 하는 바가 없으니 인위적인 데가 없고, 덕이 적은 사람은 억지로 하여 인위적인 데가 있다."라고 덕(德)을 말하여 ≪도덕경≫이라 불린다.

노자는 주 왕조(周王朝) 시대에 큰 덕을 지닌 숨은 군자(君子)였다. 그런데 어떤 임금 시대에 살았었는지 아직도 확실하지 않다.

사마천(司馬遷)의 사기(史記)에 의하면 노자는 초(楚)나라의 고현(苦縣) 여향(厲鄉) 곡인리(曲仁里) 사람이다. 성은 이(李), 이름은 이(耳), 자(字)는 백양(伯陽)이고 시호는 담(聃)이다.

史記에 나온 대로 공자(孔子)가 노자에게 예(禮)를 물은 것이 사실이라면 노자는 공자와 시대를 같이하는 인물이 된다. 그러나 노자는 춘추시대(春秋時代) 이전 사람이 아니라 공자보다 뒤에 나왔고 맹자(孟子)보다 얼마 앞서지 않은 시대의 사람으로, 이미 선유(先儒)들이 자세히 밝힌 바이므로 여기에서는 덧붙여 말하지 않겠다.

　예부터 노자의 ≪도덕경≫을 주해(註解)한 사람들은 아주 많았으며 그 중에서도 장자(莊子)는 노자의 사상을 크게 발전시켜 지금도 노장 사상(老莊思想)이라고 일컫고 있다. 열자(列子) 또한 노자의 말을 많이 인용하여 그 뜻을 발전시켰다. 또 한비자(韓非子)는 그의 저서에 해로편(解老篇)과 유로편(喻老篇)을 지어 넣을 정도였다.

　그는 해로편(解老篇) 첫머리에서,

　"덕(德)이란 내면적인 것이고 이득이란 외부적인 것이다. '으뜸가는 덕은 덕으로 여기지 않는다.'고 한 노자의 말은 덕의 신묘함이 외부의 사물에 의하여 혼란되지 않음을 말한다."라고 하였고 이어서,

　"대저 덕(德)이란 무위(無爲)로써 모여들고, 무욕(無欲)으로써 이루어지며, 생각하지 않음으로써 안정되고, 쓰지 않음으로써 굳어진다."라고 하였다. 또 인(仁)에 대하여는,

　"인(仁)이란 마음속으로부터 기꺼이 남을 사랑함을 이르는 말이다. 남을 사랑하면 복을 받고, 남을 미워하면 재앙을 받는다."고 하였으며 도(道)에 대하여는,

　"도(道)란 만물이 그렇게 된 곳이며 모든 이치가 머무는 곳이다. 이치란 사물이 이루어지는 근거이며, 도(道)란 만물이 이루어지는 까닭이다."라고 하였다.

　또 유로편(喻老篇)에서는 이렇게 말하였다.

"형체가 있는 것으로 큰 것은 반드시 작은 것에서 일어났고, 오래 행한 것으로 많은 것은 반드시 적은 데서 일어났다. 그러므로 노자는 '천하의 어려운 일은 반드시 쉬운 일에서 일어났고, 천하의 큰 일은 반드시 작은 일로부터 일어났다.'고 말한 것이다."

또 회남자(淮南子)에도 노자의 말을 부연한 사례가 많다.

당(唐)나라에 이르러서는 노자를 추증하여 '태상현원황제(太上玄元皇帝)'라고 하였으며 노자의 ≪도덕경≫을 과거 시험에 출제하였고 현종(玄宗) 자신이 이 책에 주를 달아 집집마다 간직하게 했다. 또한 당나라 임금의 성(姓)이 이씨(李氏)라 노자에게 대성조(大聖祖)라는 존호(尊號)를 추증하고 숭원관(崇元館)을 두어 노자를 숭배하였다.

또 송(宋)나라에 이르러서는 박사(博士)를 두어 이 도덕경을 강의하는 사람들이 많았으며, 소철(蘇轍)과 임희일(林希逸) 등은 주를 달았다.

이때부터 원(元), 명(明), 청(淸)나라를 거쳐 오늘에 이르기까지 노자의 도덕경을 연구하는 사람들이 더욱 늘어나고 있으며 이제야말로 동양 철학(東洋哲學)의 대종(大宗)을 이루는 노자의 도덕경을 학자(學者)라면 반드시 읽지 않을 수 없게 된 것이다.

노자는 '형체 없는 형체를 보고, 소리 없는 소리를 듣는 것'을 중국에서 최초로 가르친 철인(哲人)이다.

노자는 제38장에서,

"그러므로 도(道)를 잃은 뒤에 덕(德)이 생겨나고, 덕을 잃은 뒤에 인

(仁)이 생겨나고, 인을 잃은 뒤에 의(義)가 생겨나고, 의를 잃은 뒤에 예(禮)가 생겨난 것이다.”고 말하여 유교(儒敎)에서 덕목으로 여기는 인의예지(仁義禮智)를 극력 반대하였다.

노자는 또 제8장에서 이렇게 말했다.

“최고의 선(善)은 물과 같다. 물은 능히 만물을 이롭게 하면서도 다투지 않고 모든 사람들이 싫어하는 낮은 곳에 처한다. 그러므로 도(道)에 가까운 것이다.”

또 제14장에서는 이렇게 말하였다.

“도(道)는 그것을 보려 해도 보이지 않는지라 이름 하여 빛깔 없는 것이라 하고, 그것을 들으려 해도 들리지 않는지라 이름 하여 소리 없는 것이라 하고, 그것을 잡으려 해도 잡히지 않는지라 이름 하여 형체 없는 것이라 한다. 이 세 가지로는 도(道)의 본체를 파악할 수 없다. 그러므로 도(道)란 이 세 가지가 뒤섞여 하나가 된 것이다.”

노자는 또 제67장에서 이렇게 말한다.

“세상에서는 모두 나를 크기는 하되 어리석은 것 같다고 말한다. 대저 크기 때문에 어리석어 보이는 것이다. 만일 똑똑하다면 오래 전부터 작았을 것이다.

나에게는 세 가지 보배가 있어 그것을 소중히 지니고 있다. 첫째는 인자함이요, 둘째는 검소함이요, 셋째는 감히 천하에 앞서지 않음이다.”

노자는 또 제6장에서 이렇게 말한다.

“골짜기 귀신은 죽는 일이 없으니 이를 일러 검은 암컷이라고 한다. 검은 암컷의 문이야말로 하늘과 땅을 낳은 생명의 근원이라고 말한다. 태고부터 계속 되어 왔건만 아무리 써도 지칠 줄 모른다."

노자는 또 제25장에서 이렇게 말한다.

"뒤엉킨 한 사물이 있어 하늘과 땅보다 먼저 생겨났는데, 고요하고 쓸쓸하여 소리도 없고 형체도 없건만 홀로 우뚝 서서 영원히 변함이 없으며 모든 것에 두루 행하여 잠시도 그침이 없으니 가히 천하 만물의 어머니라 하겠다."

또 제76장에서는 이렇게 말한다.

"사람이 태어날 때는 부드럽고 약하나 죽을 때는 굳고 강해진다. 풀과 나무도 태어날 때는 부드럽고 연하나 죽을 때는 말라서 딱딱해진다. 그러므로 굳고 강한 것은 죽음의 무리이고, 부드럽고 약한 것은 삶의 무리이다."

이상에서 예로 든 글들을 요약해서 말한다면 노자의 사상은 그윽하고도 심오하여 그 깊이를 헤아리기 어렵다 하겠다. 원래 노자의 사상은 하늘과 땅보다 먼저 생겨난 '형체도 없고 소리조차 없는' 허무 자연(虛無自然)의 도(道)에 대해 깊이 연구하고 있다.

노자는 특히 사람들이 싫어하는 낮은 곳을 택하는 물과, 부드럽고 약하면서도 능히 거세고 강한 수컷을 이겨내는 암컷과, 소박한 통나무와, 낮은 곳에 있는 골짜기를 좋아한 것 같다.

만물을 이롭게 하되 다투지 않는 물, 바위를 깎아 자갈이나 작은 모래로 만드는 물, 가두어 놓으면 갇혀 있고 둥근 그릇에 담으면 둥근 모양으로 있는 물, 그러면서도 사람들이 가장 싫어하는 낮은 곳으로만 흘러가는 물, 그래서 노자는 물을 좋아하였다.

태어날 때는 부드럽고 약하지만 쥐는 손의 힘이 무섭고, 종일 울어대도 목쉬지 않는 어린이들을 노자는 좋아했고, 어릴 때는 부드럽고 연하지만 가을철이 되면 굳어지고 딱딱해지는 풀과 나뭇가지들을 노자는 좋아했으며, 부드럽고 약하고 아래에 있으면서도 거세고 강한 수컷을 능히 이겨내는 암컷을 노자는 몹시 좋아했으며, 소박한 통나무를 좋아하고 항상 낮은 곳에 있는 골짜기를 좋아했던 것이다.

노자가 유토피아로 삼고 있던 제80장을 소개한다.

"작은 나라에 적은 수의 백성, 뛰어난 재능이 있어도 사용하지 못하게 하며, 백성들로 하여금 죽음을 중히 여기고, 멀리 이사가지 못하게 해야 한다.

비록 배와 수레가 있어도 타고 갈 곳이 없고, 갑옷과 무기가 있어도 진을 칠 곳이 없으며, 백성들로 하여금 다시 매듭지은 끈을 사용토록 해야 한다.

자신의 음식을 달게 여기게 하고, 자신의 옷을 아름답게 여기게 하고, 자신의 거처를 편안히 여기게 하고, 자신의 풍속을 즐겁게 여기게 해야 한다.

이웃 나라가 서로 바라보이고 닭과 개가 짖는 소리가 들려도 백성들이 늙어 죽을 때까지 서로 왕래하지 않도록 해야 한다."

차 례 / 노자 도덕경(老子 道德經)

상편(上篇)

하편(下篇)

〈일러두기〉

- 이 책은 세상을 움직이는 책《일봉 노자 도덕경》을 원본으로 하여 자신의 내면을 바르고 건전하게 가꾸며 타인, 공동체, 자연과 더불어 사는 데 필요한 인간다운 성품과 역량을 기르는 인성교육의 도움이 되도록 온고지신 인문학 시리즈로 발간하였다.
- 한자의 뜻과 문장을 【글자 뜻】, 【말의 뜻】, 【뜻 풀이】로 음과 훈을 달아 자세히 풀어 한자 사전을 찾는 번거로움을 덜도록 하였다.
- 한자와 어구(語句)를 익힌 다음, 【뜻 풀이】로 문장을 참고해 가며 원문을 큰 소리로 되풀이하여 읽으면 한문 실력이 좋아질 것이다.

상편
(上篇)

    노자 도덕경 상편 제1장부터 제37장까지는 노자 철학(老子哲學)의 근본 사상을 이루는 도(道)에 대한 설명이다.

    노자(老子)가 말하는 도(道)는 곧 '무위자연(無爲自然)의 도(道)'이다.

    그 도(道)는 허무이기 때문에 형태도 없고 이름을 붙일 수도 없다. 다만 이를 설명하기 위하여 '도(道)'라는 이름을 붙였다.

    여기에서 '도(道)는 현묘하고도 이해할 수 없는 실재(實在)'라고 밝히고 있다.

제1장 도가도(道可道)

道可道非常道 名可名非常名.
도 가 도 비 상 도 명 가 명 비 상 명

無名天地之始 有名萬物之母.
무 명 천 지 지 시 유 명 만 물 지 모

故常無欲以觀其妙 常有欲以觀其徼.
고 상 무 욕 이 관 기 묘 상 유 욕 이 관 기 요

此兩者同出而異名 同謂之玄.
차 양 자 동 출 이 이 명 동 위 지 현

玄之又玄 衆妙之門.
현 지 우 현 중 묘 지 문

도(道)라고 불리는 도는 참다운 도가 아니고

이름으로 불리는 이름은 변함없는 이름이 아니다.

이름조차 없음은 하늘과 땅의 시작이고

이름이 있음은 만물의 어머니이다.

그러므로 언제나 욕심이 없으면 그 오묘(奧妙)함을 볼 수 있고

언제나 욕심이 있으면 물질의 세계를 볼 수 있다.

이 두 가지는 한 가지 도(道)에서 나와 이름이 달라졌으니

다 같이 현묘(玄妙)하다 이르리로다.

현묘하고도 현묘한 것이여, 만물이 쏟아져 나온 문이로다.

【글자 뜻】道:법도 도. 길 도. 常:항상 상. 떳떳할 상. 始:비로소 시. 欲:
욕심 욕. 하고자 할 욕. 觀:볼 관. 妙:묘할 묘. 徼:돌 요. 異:다를
이. 謂:이를 위. 玄:현묘할 현. 검을 현. 衆:무리 중.

【말의 뜻】道可道:道라고 불리는 道. 여기서는 유교적인 道를 가리킴.

常道:영원히 변함없는 참다운 道. 常은 眞의 뜻. 名可名:이름으로 불리는 이름. 여기에서는 개념이나 언어의 뜻. 常名:영원히 변함없는 참다운 이름. 無名:천지가 개벽하기 이전의 혼돈 세계. 天地之始:하늘과 땅의 시작. 여기서는 道를 가리킨 것임. 有名:천지개벽 이후의 현상(現象) 세계를 가리킴. 萬物之母:하늘과 땅이 생겨난 이후로 만물이 생겨나게 됨. 常無欲:언제나 욕심이 없음. 인간적인 욕심에서 벗어남. 觀其妙:道의 현묘함을 볼 수 있음. 常有欲:언제나 인간적인 욕심을 지니고 있음. 觀其徼:물질의 세계를 보게 됨. 兩者:현묘한 道와 물질의 세계, 즉 無名(道)과 有名(天地)의 두 가지. 同出而異名:같은 道에서 나와 이름이 다름. 同謂之玄:다 같이 현묘하다 이를 수 있음. 玄之又玄:현묘하고도 현묘함. 衆妙之門:온갖 현묘한 만물이 나오는 문.

【뜻 풀이】 제1장에서는 노자 철학(老子哲學)의 근본 사상을 이루는 도(道)에 대해 설명한다.

노자가 말하는 도(道)는 곧 '무위자연(無爲自然)의 도(道)'이다. 제1장에서는 우선 '도(道)는 현묘하고도 이해할 수 없는 실재(實在)'라고 그 특징부터 밝히고 있다.

道可道非常道 名可名非常名 ― 세상 사람들이 흔히 말하는 '君子의 道'니 '王道'니 하는 道란 항구불변의 절대적인 道가 아니다. 또 그들이 흔히 말하는 '仁'이니 '義'니 '禮'니 '智'니 '信'이니 하는 등의 이름은 항구불변의 절대적인 이름이 아니다.

노자는 이와 같이 제1장에서부터 유교의 학설을 근본적으로 뒤엎고 있다. 유교에서 말하는 道란 '君子의 道'를 가리키며 소위 君子란 君 · 臣(官) · 民의 질서를 유지하기 위한 군국주의 사회에서의 지도

자를 가리킨다. 따라서 그들이 부르짖고 있는 道란 인위적이고 상대적인 道에 불과하다. 항구불변의 절대적인 道가 아닌 것이다.

그들은 또 이와 같이 인위적이고 상대적인 道를 실현하기 위하여 '仁'이니 '義'니 '禮'니 '信'이니 따위의 이름을 붙여 놓았다. 그런데 이와 같은 이름들도 결국은 인위적이고 상대적인 도덕 강목(道德綱目)에 불과하다. 항구불변의 절대적인 이름은 아닌 것이다. 사람들은 오히려 이와 같은 이름들을 빙자하여 불인(不仁)과 불의(不義)를 허위와 가식으로 감추고 헛된 명예와 사리사욕을 채우는 수단으로 삼고 있는 것이다.

그러면 노자가 부르짖는 道란 어떤 것인가?

노자에 의하면 道란 원래 인위적인 것이 아니라 자연적인 것이며, 상대적인 것이 아니라 절대적인 것이라고 한다. 즉 그가 말하는 道란 '아득한 태고 시대로부터 자연적으로 존재하면서 우주와 만물을 다스리고 있는 절대적이면서도 현묘 불가사의한 영원불멸의 허무(虛無)'인 것이다.

노자가 말하는 道는 허무이기 때문에 형태도 없고 이름을 붙일 수도 없다. 다만 이를 설명하기 위하여 '道'라는 이름을 붙였을 따름이다.

제25장에서도 '뒤엉킨 한 사물이 있어 하늘과 땅보다도 먼저 생겨났는데, 고요하고 쓸쓸하여 소리도 없고 형체도 없건만 홀로 우뚝 서서 영원히 변함이 없으며 모든 것에 두루 행하여 잠시도 그침이 없으니 가히 천하 만물의 어머니라 하겠다.' 하였고, 제32장에서도 '道의 본체는 이름이 없다.' 라고 하였다.

無名天地之始 有名萬物之母 ── 이름조차 없음은 하늘과 땅의 시작이요, 이름이 있음은 만물의 어머니이다.

이름조차 없는 '無名'이란 곧 道를 가리키는 것이니 道는 태고시절부터 존재하였으며 이 혼돈(混沌)의 세계에서 하늘과 땅이 생겨났다. 즉 가볍고 맑은 것은 위로 올라가 하늘(陽)이 되고 무겁고 흐린 것은 아래로 가라앉아 땅(陰)이 된 것이다.

 하늘과 땅이 생겨나 비로소 이름을 붙일 수 있게 되었으니 '有名'이란 곧 하늘과 땅을 말하는 것이다. 하늘과 땅이 생겨난 이후로 삼라만상(森羅萬像)이 생겨나게 되었으므로 하늘과 땅을 만물의 어머니라고 말한 것이다.

 제25장에서도 '그러므로 道는 큰 것이다. 하늘도 크고 땅도 크고 왕 또한 큰 것이니 이상의 네 가지 큰 것이 있어 왕도 그 하나를 차지하거니와, 사람은 땅을 본받고, 땅은 하늘을 본받고, 하늘은 道를 본받으며, 道는 자연을 본받는다.' 라고 하였다.

 常無欲以觀其妙 常有欲以觀其徼 — 욕심이 없으면 道의 현묘한 진리를 볼 수 있고, 욕심을 지니면 나타난 물질 세계만을 보게 된다.

 道는 원래 형체도 없고 이름도 없다. 그러므로 보려 해도 보이지 않고 들으려 해도 말이 없기 때문에 들을 수도 없다.

 오직 뜬구름 같은 속세의 부귀와 명성에 대한 욕심을 깨끗이 떨쳐 버렸을 때 비로소 道의 현묘하고도 불가사의한 실상(實相)을 볼 수 있는 것이다. 형체가 있는 물질에 집착하고 명성에 얽매인 사람에게는 형이하학적(形而下學的)인 현상의 세계만이 보일 뿐이다.

 여기에서 우리는 노자의 무욕론(無慾論)을 볼 수 있다.

 此兩者同出而異名 同謂之玄 玄之又玄 衆妙之門 — 이 두 가지, 즉 실상의 세계와 현상의 세계는 같은 道에서 나와 이름만 '無名'과 '有名'으로 달라진 것이니 다 같이 현묘하다 하겠다. 아, 현묘하고도 현묘하기 이를 데 없도다. 만물이 나왔다가 다시 들어가는 문인 道여!

태고시대에는 道만이 있어, 형체도 없었고 이름도 없었다. 道에서 하늘과 땅이 생겨나고 하늘과 땅에서 만물이 태어났으니 참으로 현묘하다 하겠다. 그렇지만 하늘과 땅과 만물의 '有名'의 세계는 '無名'인 道에서 나왔으니 이름만 달라졌을 뿐 다 같이 道인 것이다.

더구나 형체와 이름을 가진 만물은 죽으면 다시 어머니에게로 돌아가게 되거니와, 만물이 나오고 들어가는 道의 문이야말로 참으로 현묘하고도 현묘하다 하겠다.

제2장 천하개지(天下皆知)

天下皆知美之爲美 斯惡已 皆知善之爲善 斯不善已.
천 하 개 지 미 지 위 미 사 오 이 개 지 선 지 위 선 사 불 선 이

故有無相生 難易相成 長短相形 高下相傾 音聲相和
고 유 무 상 생 난 이 상 성 장 단 상 형 고 하 상 경 음 성 상 화

前後相隨.
전 후 상 수

是以聖人 處無爲之事 行不言之敎.
시 이 성 인 처 무 위 지 사 행 불 언 지 교

萬物作焉而不辭 生而不有 爲而不恃 功成而不居.
만 물 작 언 이 불 사 생 이 불 유 위 이 불 시 공 성 이 불 거

夫唯不居 是以不去.
부 유 불 거 시 이 불 거

　세상 사람들이 다 아름다움을 아름다운 것인 줄 알지만 이는 추함일 뿐
이요, 다 착함을 착한 것인 줄 알지만 이는 악함일 뿐이다.

　그러므로 유(有)와 무(無)는 서로 낳고, 어려움과 쉬움은 서로 이루어지
고, 길고 짧음은 서로 나타나고, 높고 낮음은 서로 기울고, 음(音)과 소리
(聲)는 서로 화(和)하고, 앞과 뒤는 서로 따르게 마련이다.

　이런 까닭으로 성인(聖人)은 무위(無爲)에 처하여 말없는 교화(敎化)를
행하는 법이다.

　만물이 일어나되 사양치 않고, 생겨나되 소유하지 않고, 일을 하되 뽐
내지 않고, 공이 이루어지되 머물지 않는다.

　무릇 오직 머물려고 하지 않는지라 떠나는 일도 없다.

【글자 뜻】皆:다 개. 斯:이 사. 惡:추할 오. 악할 악. 已:뿐 이. 이미 이.

難:어려울 난. 易:쉬울 이. 形:나타날 형. 형상 형. 傾:기울어질 경. 隨:따를 수. 處:처할 처. 곳 처. 作:일어날 작. 지을 작. 焉:어조사 언. 辭:사양할 사. 말씀 사. 恃:뽐낼 시. 믿을 시. 唯:오직 유.

【말의 뜻】 天下:세상 사람들. 知美之爲美:아름다움이 아름다운 것인 줄 앎. 斯惡已:이는 추할 뿐임. 不善:착하지 않음. 악함. 有無相生:있고 없음은 서로 낳음. 難易相成:어려운 것과 쉬운 것은 서로 이룸. 長短相形:긴 것과 짧은 것은 서로 나타남. 高下相傾:높은 것과 낮은 것은 서로 기울어짐. 音聲相和:악기의 음과 소리가 서로 조화됨. 音은 金·石·絲·竹·匏·土·革·木의 여덟 가지 악기의 음이고, 소리는 宮·商·角·徵·羽의 다섯 음정. 前後相隨:앞이 있어야 뒤가 있고 뒤가 있어야 앞이 있음. 聖人:무위자연(無爲自然)의 道를 행하는 사람. 無爲之事:인위적으로 일하지 않음. 아무것도 하지 않음의 뜻이 아님. 無言之敎:말 없는 가운데 교화를 베풂. 作焉而不辭:일어나려 하면 사양하지 않고 일으켜 줌. 作은 생겨나려고 움직임. 生而不有:생겨나도 자기 소유로 하지 않음. 爲而不恃:일을 하되 자기 능력을 자랑하지 않음. 功成而不居:공이 이루어져도 머물지 않음. 不去:떠나지 않음.

【뜻 풀이】 제1장에서는 道의 본체(本體)는 허무요 자연임을 밝혔고 제2장에서는 道를 본받는 성인은 무위자연(無爲自然)의 법칙에 따라 백성을 다스림을 말한다.

　여기에서 처음으로 '無爲'라는 말이 나오는데 이는 허수아비처럼 아무것도 하지 않는다는 뜻이 아니다. 무위자연의 법칙에 따라 일을 시작해야 할 때 시작하고 끝내야 할 때 끝내며 물러나야 할 때 물러나며 조금도 인위적인 짓을 하지 않는다는 뜻이다.

'人爲'라는 글자는 곧 '거짓(僞)'이라는 것이다. 無爲自然에 거슬리는 人爲란 참다운 것이 아니라 거짓으로 만들어낸 것이란 뜻이 된다.

유교에서는 인위적으로 道라는 것을 설정해 놓고 그 道에 따라 이름(名)을 인위적으로 정하여 이에 따라 父子나 君臣의 관계가 규정되고 인의(仁義)와 예악(禮樂)의 법도가 규격화(規格化)되었다.

노자는 이처럼 인위적으로 만들어 놓은 체계와 격식에 따르는 정치를 극력 배격하고 있는 것이다.

天下皆知美之爲義 斯惡已 皆知善之爲善 斯不善已 ― 세상 사람들이 모두 아름다운 것이라고 알고 있는 아름다움은 참다운 아름다움이 아니라 추함일 뿐이요, 착함이라고 알고 있는 착함은 참다운 착함이 아니라 악함일 뿐이다.

미추(美醜)와 선악(善惡)의 관념이란 상대적인 것이다. 보는 관점에 따라 추함이 도리어 아름다움이 될 수도 있고 악함이 도리어 선함이 될 수도 있는 것이다.

노자와 같이 자연의 경지에 높이 앉아 넓은 시야로 내려다 볼 때 어디에 미추와 선악의 구별이 있으랴! 임금과 백성이 같은 사람이요, 부자와 가난뱅이, 귀한 사람과 천한 사람, 현명함과 어리석음, 박식함과 무지 등의 차별이 있을 수 없는 것이다.

이는 오직 상대적인 현실세계에서 벗어나지 못하는 사람들이 자기의 감정이나 기호에 맞으면 미나 선이라 하고, 맞지 않으면 추나 악이라고 할 뿐이다. 결국 아름답다고 함은 벌써 상대적으로 추함을 전제로 하는 말이요, 착하다고 함은 벌써 의식적으로 악함을 전제로 하는 말인 것이다.

故有無相生 難易相成 長短相形 高下相傾 音聲相和 前後相隨 ― 그

러므로 상대(相對)의 세계에서는 언제나 有에서 無가 생기기도 하고 無에서 有가 생기기도 하며, 어려움 뒤에는 쉬움이 오고 쉬움이 지나가면 어려움이 오며, 학의 다리는 길고 오리의 다리는 짧게 견주어지며, 높은 곳 위에 더 높음이 있고 낮은 곳 아래에 더 낮음이 있으며, 악기의 음과 높고 낮은 소리는 서로 조화를 이루게 되며, 앞에 가는 사람을 뒤따라가는 사람도 뒤돌아서면 뒤에 가던 사람이 앞서게 되고 앞에 가던 사람이 뒤지게 마련인 것이다. 이것이 상대의 세계의 원리인 것이다.

是以聖人 處無爲之事 行不言之敎 ― 이와 같은 상대의 세계를 초월하여 절대의 세계에서 유유자적(悠悠自適)하는 성인은 하늘과 땅이나 자연처럼 無爲의 경지에 몸을 두고, 하늘과 땅이나 자연이 말없이 만물을 자라나게 하듯이 말없는 가운데 교화(敎化)를 베푸는 것이다.

萬物作焉而不辭 生而不有 爲而不恃 功成而不居 夫唯不居 是以不去 ― 즉 상대의 세계를 초월하여 사는 성인은 하늘과 땅과 자연이 그러하듯이 만물이 생겨나려 하면 이를 귀찮게 여기는 일 없이 생겨나게 도와주고, 만물이 생겨날지라도 자기 소유로 만들지 않으며, 일을 하여도 그 능력을 뽐내지 않고, 성과를 이룬 뒤에도 거기에 머물러 있으려 하지 않는다. 처음부터 그런 곳에 머물러 있으려 하지 않기 때문에 떠남의 서운함도 없고 또 떠나지지도 않는 법이다.

요컨대 노자의 정치관은 '無爲에 처하여 말없는 가운데 교화를 베푸는 일'인 것이다. 즉 인위적으로 설정한 가치체계를 부정하고 無爲와 不信의 정치를 행함으로써 자연에의 복귀를 도모하고 있는 것이다.

제3장 불상현(不尙賢)

不尙賢 使民不爭 不貴難得之貨 使民不爲盜 不見可
불 상 현   사 민 부 쟁   불 귀 난 득 지 화   사 민 불 위 도   불 현 가

欲 使民心不亂.
욕   사 민 심 불 란

是以聖人之治 虛其心 實其腹 弱其志 强其骨.
시 이 성 인 지 치   허 기 심   실 기 복   약 기 지   강 기 골

常使民無知無欲 使夫知者不敢爲也 爲無爲則無不治.
상 사 민 무 지 무 욕   사 부 지 자 불 감 위 야   위 무 위 즉 무 불 치

현명함을 숭상하지 않는다면 백성들로 하여금 다투지 않게 할 수 있고, 얻기 어려운 재물을 귀하게 여기지 않는다면 백성들로 하여금 도둑질을 하지 않게 할 수 있고, 욕심낼 것을 보이지 않는다면 백성들로 하여금 마음을 어지럽히지 않을 수 있다.

이런 까닭으로 성인의 정치는 마음을 비우게 하고 배를 채워 주며, 뜻을 약하게 하고 뼈를 튼튼하게 해 주는 것이다.

항상 백성들로 하여금 앎과 욕심이 없게 하여 아는 자로 하여금 감히 손댈 수 없게 하는 것이다. 이와 같은 無爲를 행하기만 하면 다스려지지 않는 일이 없게 된다.

【글자 뜻】尙:숭상할 상. 賢:어질 현. 使:하여금 사. 爭:다툴 쟁. 貨:재물 화. 盜:도둑질할 도. 虛:빌 허. 實:채울 실. 참 실. 腹:배 복. 志:뜻 지. 敢:구태여 감.

【말의 뜻】不尙賢:현명함을 숭상하지 않음. 不爭(부쟁):다투지 않음. 不貴:귀하게 여기지 않음. 難得之貨:구하기 어려운 재물. 금과 은과 보

석. 不見可欲:욕심낼 만한 것을 보이지 않음. 心不亂:마음이 어지럽지 않음. 虛其心:백성들의 마음을 비우게 함. 욕심을 없게 함. 實其腹:백성들의 배를 채워 줌. 弱其志:백성들의 뜻을 약하게 함. 앎이 없게 함. 强其骨:백성들의 뼈대를 튼튼하게 함. 使民無知無欲:백성들로 하여금 앎과 욕심이 없게 함. 知者不敢爲:앎이 있는 자가 감히 손댈 수 없게 함. 爲無爲:無爲를 행함. 無不治:다스려지지 않음이 없음.

【뜻 풀이】 제3장에서는 '無爲의 정치'를 구체적으로 열거하고 있다. 이 장을 노자의 양생론(養生論)으로 보기도 한다.

노자의 道가 虛無를 본질로 삼고 있는 이상 그의 정치는 필연적으로 '無爲의 정치'일 수밖에 없으며 그러기 위해서는 백성들을 '無知'와 '無欲'으로 만들어야 함은 너무나 당연한 일이라 하겠다.

不尙賢 使民不爭 ─ 위정자가 능히 無爲의 정치를 행하여, 인위적인 지혜를 쓰는 현명한 자를 전혀 귀하게 여기지 않는다면 백성들은 자연히 입신출세하려는 경쟁심을 버리게 될 것이다.

不貴難得之貨 使民不爲盜 ─ 마찬가지로 값진 보물을 귀중하게 여기지 않는다면 백성들은 자연히 도둑질할 생각을 버리게 될 것이다.

不見可欲 使民心不亂 ─ 또 욕심낼 만한 것을 보이지 않는다면 백성들의 마음은 자연히 어지럽혀지는 일이 없을 것이다.

虛其心 實其腹 弱其志 彊其骨 ─ 그러므로 無爲의 정치를 행하는 성인은 백성들의 마음을 텅 비게 하여 욕심을 없애는 대신 그들의 배를 든든히 채워 주고, 그들의 뜻을 약하게 하여 無知로 만드는 반면 그들의 육체를 튼튼하게 만들어 농사짓고 길쌈하는 데 어려움이 없게 해야 한다.

常使民無知無欲 使夫知者不敢爲也 — 이와 같이 백성들을 항상 無知와 無欲의 상태로 만들어서 머릿속에 간교한 지혜만 들어 입만 나불거리며 소위 현명하다는 知者들로 하여금 감히 발붙일 여지도 없게 만들어야 한다. 이처럼 無爲의 정치를 행하면 천하는 저절로 다스려지게 마련인 것이다.

이상과 같은 노자의 정치관은 후세 사람들로부터 '우민정치(愚民政治)'라는 비난을 받아 온 것도 사실이다. 그러나 이 장 끝의 '爲無爲則無不治'에서 볼 수 있는 바와 같이 노자의 無爲는 아무 일도 하지 않는 것이 아니라 '爲無爲'로써 자연의 법칙에 따라 정치를 행함을 뜻하고 있는 것이다. 그러므로 그가 말하고 있는 無知나 無欲도 완전한 無知, 완전한 無欲이 아니라 '자연적인 知', '자연적인 欲'의 뜻으로 보아야 한다.

노자가 배격한 것은 단지 인위적인 사지(私知)와 사욕(私慾)이다.

물질문명이 발달함에 따라 돌이킬 수 없을 만큼 인간성이 상실되어 가고 있는 오늘날, 노자가 배격한 사사로운 지혜(私知)와 사리사욕이 빚어낸 비극이 얼마나 무서운가를 다시 한 번 통탄하게 된다.

그러기에 莊子도 '현명한 사람을 천거하면 백성들이 서로 다투고, 지혜 있는 사람에게 맡기면 백성들이 서로 도둑질한다. …… 아들이 아버지를 죽이고 신하가 임금을 죽이며, 대낮에 도둑질을 하고 남의 담 구멍을 뚫게 된다. 내 너희에게 말하거니와 큰 혼란의 근본은 堯舜 때에 생긴 것으로 그 끝은 천 년 뒤에 나타날 것이다. 천 년 뒤에는 사람과 사람이 서로 잡아먹게 될 것이다.(莊子 제23 庚桑楚篇)'라고 말하여 물질문명의 비참한 말로를 통탄하고 경고했던 것이다.

제57장에서 성인이 이르기를 '내가 無爲로 다스리면 백성들은 절로 교화되고, 내가 고요함을 좋아하면 백성들은 절로 바르게 되고, 내가

일함이 없으면 백성들은 절로 부유해지고, 내가 욕심이 없으면 백성들은 절로 순박해진다.' 고 한 것도 이와 같은 뜻이다.

제4장 도충(道沖)

道沖而用之或不盈 淵乎似萬物之宗.
도 충 이 용 지 혹 불 영 연 호 사 만 물 지 종

挫其銳 解其紛 和其光 同其塵 湛乎似或存.
좌 기 예 해 기 분 화 기 광 동 기 진 침 호 사 혹 존

吾不知誰之子 象帝之先.
오 부 지 수 지 자 상 제 지 선

道는 텅 비었으되 아무리 써도 항상 차는 일이 없으니 깊고 깊어서 만물의 근원 같도다!

나의 날카로움 꺾어서 세상의 어지러움에 풀고, 나의 밝은 빛 감추고서 티끌 세상과 뒤섞이니 깊고 깊어서 영원히 존재하는 것과 같도다!

나는 道가 누구의 자식인지 알 수 없되 필시 하늘의 조상 같도다!

【글자 뜻】沖:빌 충. 或:항상 혹. 盈:찰 영. 淵:깊을 연. 못 연. 宗:마루 종. 挫:꺾을 좌. 銳:날카로울 예. 解:풀 해. 紛:어지러울 분. 塵:티끌 진. 湛:깊을 침. 象:같을 상. 코끼리 상.

【말의 뜻】道沖:道는 텅 비어 있음. 或不盈:항상 가득 차는 일이 없음. 무궁무진함. 或은 常의 뜻. 淵乎:깊은 모양. 萬物之宗:만물의 근원. 挫其銳:나의 날카로운 기운을 무디게 꺾음. 解其紛:세상의 어지러움 속에 풀림. 和其光:나의 밝은 지혜를 부드럽게 함. 同其塵:티끌 세상에 동화됨. 湛乎:물이 깊은 모양. 似或存:영원히 존재함과 같음. 或은 常의 뜻. 象帝之先:하늘(上帝)의 조상과 같음. 象은 似의 뜻.

【뜻 풀이】이 장은 道의 무한한 작용과 道를 체득한 사람의 모습을 해설

하고 있다.

　道의 본체는 虛요 無다. 그러므로 道를 굳이 비유해서 표현한다면 마치 텅 빈 큰 그릇과 같아서 아무리 써도 채워지는 일이 없다. 道의 작용은 깊고 깊어서 그 깊이를 알 수 없는 만물의 근원을 이루고 있다. 이와 같은 道의 본체를 체득한 사람은 자신의 지혜와 재능의 날카로운 기운을 무디게 하여 인위적인 것으로 인해 어지럽혀진 속세에 풀고, 자신의 빛나는 덕을 감춘 채 속세 사람들과 함께 어울려 두드러지게 나타내는 일 없이 살아간다. 이 또한 깊고 깊어서 道가 영원히 존재하는 것같이 느껴진다.

　도대체 이 현묘하고도 불가사의한 道란 언제 태어난 누구의 자식일까? 그 소생을 알 수 없으나 하늘의 조상임에 틀림없을 것이다.

　'挫其銳 解其紛', '和其光 同其塵'은 노자의 사상을 단적으로 표현하고 있다. 특히 노자가 싫어한 것은 날카로운 재능과 빛나는 덕을 사람들에게 드러내 보이는 일이었다.

　제8장에서 '최고의 善은 물과 같다. 물은 만물을 능히 이롭게 하면서도 다투지 않고, 사람들이 싫어하는 낮은 곳에 처한다. 그러므로 道에 가까운 것이다.'라 하였고, 제9장에서도 '날카롭게 간 칼날은 오래 보존하지 못한다.'고 하였다.

　또 제58장에서는 '빛이 있어도 빛내지 않는다.'고 하였다.

　'和其光 同其塵(和光同塵)'은 노자의 유명한 名言이다.

제5장 천지불인(天地不仁)

天地不仁 以萬物爲芻狗 聖人不仁 以百姓爲芻狗.
천지불인 이만물위추구 성인불인 이백성위추구

天地之間 其猶槖籥乎 虛而不屈 動而愈出.
천지지간 기유탁약호 허이불굴 동이유출

多言數窮 不如守中.
다언삭궁 불여수중

하늘과 땅은 인자함을 지니지 않아 만물을 초개(草芥)처럼 버려두고, 성인은 인자함을 지니지 않아 백성을 초개처럼 버려둔다.

하늘과 땅 사이는 커다란 풀무와 같도다. 텅 비어 끝남이 없고, 움직이면 만물이 쏟아져 나온다.

말이 많으면 자주 막히는 법이니 풀무처럼 속을 비워 지키는 것만 같지 못하다.

【글자 뜻】芻:마른풀 추. 狗:개 구. 猶:같을 유. 오히려 유. 槖:풀무 탁. 籥:피리 약. 屈:다할 굴. 굴할 굴. 愈:점점 유. 나을 유. 數:자주 삭. 두어 수. 窮:막힐 궁. 다할 궁. 守:지킬 수. 中:빌 중. 가운데 중.

【말의 뜻】不仁:인자하지 않음. 의식적으로 仁愛를 베풀지 않음. 芻狗:짚으로 만든 개. 제사 때 쓰며 제사가 끝나면 길가에 버렸음. 猶槖籥:대장간의 풀무와 같음. 虛而不屈:비었으되 다함이 없음. 屈은 竭의 뜻. 動而愈出:움직일수록 점점 더 나옴. 多言數窮:말이 많으면 자주 막힘. 不如守中:속을 비워서 지키는 것만 못함. 中은 沖의 뜻.

【뜻 풀이】이 장에서는 道를 체득한 사람의 마음은 하늘과 땅과 더불어 無爲自然이며 無爲의 위력이 큼을 밝히고 있다.

天地不仁 以萬物爲芻狗 聖人不仁 以百姓芻狗 ― 하늘과 땅의 마음은 지극히 공명정대(公明正大)하여 만물을 사랑하고 미워함이 없다. 오직 만물을 초개처럼 내버려 두어 본체만체하건마는 그래도 만물은 생겨나고 자라난다. 이를 본받은 성인의 마음 역시 의식적으로 백성들을 사랑하지 않고 초개처럼 내버려 두지만 백성들은 절로 행복하게 살아간다. 이것이 바로 無爲의 덕인 것이다.

莊子도 齊物論에서 '무릇 큰 道는 명칭이 없고, 큰 변론은 말하지 않고, 큰 仁은 인자하지 않다.'고 하였다.

天地之間 其猶橐籥乎 虛而不屈 動而愈出 ― 하늘과 땅 사이에는 아무것도 없어 텅 빈 커다란 풀무 속과 같이 虛無 그대로이다. 광대무변(廣大無邊)한 우주의 공간은 텅 비어 있지만 그 속에 무진장한 힘을 지니고 있어 마치 풀무를 움직이면 바람이 생겨 불을 뜨겁게 하고 쇠붙이를 녹여 여러 가지 연모들을 만들어내듯이, 움직이면 움직일수록 만물이 점점 더 생겨난다. 道를 체득한 성인도 虛無의 세계에 머물면서 無爲의 道를 행하면 나라는 저절로 다스려지게 마련이다.

多言數窮 不如守中 ― 세상 사람들, 특히 유교의 학자들은 말을 많이 하지만 자주 막히는데 차라리 큰 풀무 ― 성인 ― 처럼 속을 텅 비워 말이 없는 것만 같지 못하다.

제37장에서 '道의 본체는 항상 無爲로되 하지 않는 일도 없다.'고 하였으며, 제56장에서는 '아는 자는 말이 없고, 말하는 자는 앎이 없다.'고 하였다.

제6장 곡신불사(谷神不死)

> 谷神不死 是謂玄牝 玄牝之門 是謂天地之根.
> 곡 신 불 사 시 위 현 빈 현 빈 지 문 시 위 천 지 지 근
>
> 綿綿若存 用之不勤.
> 면 면 약 존 용 지 불 근

　골짜기 귀신은 죽는 일이 없으니 이를 일러 검은 암컷이라고 한다. 검은 암컷의 문이야말로 하늘과 땅을 낳은 생명의 근원이라고 말한다.
　태고부터 계속 되어 왔건만 아무리 써도 지칠 줄 모른다.

【글자 뜻】牝:암컷 빈.　綿:솜 면.　存:있을 존.　勤:수고로울 근. 부지런 할 근.

【말의 뜻】谷神:골짜기의 신.　道의 虛無하고 신령스러움을 나타낸 말. 골짜기는 공허하므로 道에 비유한 것임.　不死:영원히 끝남이 없음을 일컫는 말. 不生不滅.　玄牝:검은 암컷. 玄은 道의 현묘함을 나타낸 말이고, 牝은 짐승의 암컷으로 道가 만물을 생산함에 비유한 말임.　門:암컷의 음부(陰部)를 가리킨 것.　天地之根:하늘과 땅과 만물이 생겨나는 근원.　綿綿:태고시절부터 끊기지 않고 계속되는 모양.　若存:항상 존재함. 若은 常과 같음.　用之不勤:아무리 써도 지치지 않음. 끊임없이 만물을 생산함의 뜻. 勤은 피로함의 뜻.

【뜻 풀이】 이 장에서는 道를 '골짜기'와 '암컷'에 비유하여 그 虛無하면서도 신묘함을 말한다.
　谷神不死 是謂玄牝 ― 道는 골짜기와 같다. 텅 빈 虛無이기 때문에

영원히 죽지 않는 불사신(不死神)이다. 노자는 낮은 것을 숭상한다. 골짜기는 낮기 때문에 모든 물이 모여들어 초목이 무성하고 새나 짐승들이 여기서 나고 자라난다. 산의 봉우리를 수컷이라면 봉우리와 봉우리 사이의 텅 빈 골짜기는 분명 암컷이다. 노자는 암컷처럼 부드럽고 약한 것을 숭상했다. 같은 암컷이라도 신성하고 현묘한 검은 암컷인 것이다. 그리고 암컷은 새끼를 낳는 어머니이다.

玄牝之門 是謂天地之根 — 검은 암컷의 음부, 즉 道는 하늘과 땅이 처음 태어난 근원이며 만물은 이 문에서 쏟아져 나오는 것이다.

綿綿若存 用之不勤 — 이와 같이 虛無의 道는 아득한 태고부터 꾸준히 존재하면서 잠시도 쉬지 않고 만물을 창조하고 길러내건만 無爲이기 때문에 조금도 지칠 줄 모르는 것이다.

이 글은 앞 장의 '虛而不屈 動而愈出'을 이어받아 더욱 발전시킨 것이며, '玄牝之門'은 제1장의 '衆妙之門'과 같은 뜻이다.

제7장 천장지구(天長地久)

天長地久 天地所以能長且久者 以其不自生 故能長生.
천 장 지 구 천 지 소 이 능 장 차 구 자 이 기 부 자 생 고 능 장 생

是以聖人 後其身而身先 外其身而身存 非以其無私耶
시 이 성 인 후 기 신 이 신 선 외 기 신 이 신 존 비 이 기 무 사 야

故能成其私.
고 능 성 기 사

　하늘도 영원하고 땅도 영원하거니와 하늘과 땅이 능히 영원할 수 있는 까닭은 스스로 살아가지 않기 때문이다. 그러므로 능히 오래 살 수 있는 것이다.

　이런 까닭으로 성인은 몸을 뒤에 두어도 몸이 앞에 나서게 되고, 몸을 버려도 몸이 살아남게 되니 이는 사심(私心)이 없기 때문이 아니겠는가? 그러므로 능히 나를 이루게 되는 것이다.

【글자 뜻】 久:오랠 구. 且:또 차. 外:버릴 외. 밖 외. 存:있을 존. 耶:어조사 야.

【말의 뜻】 天長地久:하늘과 땅이 영원함. 天地長久와 같음. 所以:까닭. 不自生:스스로의 뜻으로 살지 않음. 能長生:능히 영원히 삶. 後其身:자기 몸을 제일 뒤에 둠. 外其身:자기 몸을 버림. 無私:私心이 없음. 여기의 私는 小我임. 成其私:나를 이룸. 여기의 私는 大我임.

【뜻 풀이】 이 장에서는 하늘과 땅이 私心이 없기 때문에 영원히 존재할 수 있음을 본받아, 道를 체득한 성인이 私心이 없어 나 ― 大我 ― 를 완성할 수 있음을 말한다. 여기서 天地는 곧 道를 가리킨 말이다. 제

16장에서도 '하늘은 道와 같고, 道는 영원하다.(天乃道 道乃久)'고 하였다.

하늘과 땅은 생명이 영원하거니와 그 까닭은 무엇인가? 그것은 곧 하늘과 땅은 만물을 낳고 자라게 하면서도 스스로는 살려는 의식을 가지고 있지 않기 때문이다. 그래서 능히 영원할 수 있는 것이다.

그러므로 이 天地와 自然의 법칙을 본받은 성인은 私心과 私慾이 없어 능력이 있어도 스스로 자랑하지 않고, 공을 이루어도 스스로 소유하지 않으며, 이익이 있어도 남에게 양보하고 자기 자신은 뒤로 물러나 남들과 다투려 하지 않는다. 그렇기 때문에 도리어 사람들의 존경을 받고 추대를 받아 앞에 나서서 지도자가 될 수 있는 것이다.

또 無爲와 自然의 道를 체득한 성인은 私心과 私慾이 없어 남보다 오래 살기 위해 잘 먹고 잘 입으려 하지 않는다. 그렇기 때문에 도리어 몸을 보존하여 오래 살고 자신의 덕을 완성할 수 있다.

제66장에서도 '백성들 앞에 서고자 하면 반드시 몸을 그들 뒤에 둔다.(欲先民 必以身後之)'고 하였다.

제8장 상선약수(上善若水)

上善若水 水善利萬物而不爭 處衆人所惡 故幾於道.
상 선 약 수 수 선 리 만 물 이 부 쟁 처 중 인 소 오 고 기 어 도

居善地 心善淵 與善仁 言善信 政善治 事善能 動善時.
거 선 지 심 선 연 여 선 인 언 선 신 정 선 치 사 선 능 동 선 시

夫惟不爭 故無尤.
부 유 부 쟁 고 무 우

　최고의 善은 물과 같다. 물은 만물을 능히 이롭게 하면서도 다투지 않고 사람이 싫어하는 낮은 곳에 처한다. 그러므로 道에 가까운 것이다.

　거처함에는 땅이 좋고, 마음은 깊은 것이 좋고, 주는 데는 仁함이 좋고, 말은 신의가 좋고, 정치는 다스려지는 것이 좋고, 일은 잘하는 것이 좋고, 행동은 시기에 맞는 것이 좋다.

　무릇 물은 오직 다투지 않는지라 허물이 없는 것이다.

【글자 뜻】若:같을 약. 만약 약. 善:능할 선. 착할 선. 爭:다툴 쟁. 衆: 무리 중. 惡:싫어할 오. 악할 악. 幾:가까울 기. 몇 기. 淵:깊을 연. 못 연. 與:줄 여. 더불어 여. 惟:오직 유. 尤:허물 우. 더욱 우.

【말의 뜻】上善若水:최고의 선은 물과 같음. 利萬物而不爭:만물을 이롭게 하면서도 다투지 않음. 衆人所惡:모든 사람이 싫어하는 낮은 곳. 幾於道:道에 가까움. 居善地:거처함에는 땅이 좋음. 心善淵:마음은 깊어야 좋음. 與善仁:은혜를 베풂에는 仁한 것이 좋음. 갚기를 바라지 않고 줌. 信:신의. 動善時:행동은 시기에 맞는 것이 좋음. 無尤: 허물이 없음.

【뜻 풀이】이 장에서는 無爲自然의 道를 따라 처신하는 물의 덕을 찬양하고, 성인의 처신함이 물과 같아서 조금의 무리나 인위적인 것이 없고 오직 無爲自然의 법칙에 따라 살기 때문에 재앙을 당하는 일이 없이 일을 이루어냄을 말한다.

상대적인 선악의 세계를 초월한 최고의 善은 물과 흡사하다. 물은 모든 만물에 혜택을 주어 자라나게 하면서도 조금도 그 공로를 누구와 다투는 일 없이 언제나 모든 사람이 가장 싫어하는 낮은 곳에 있으려 한다. 그러므로 물이 道와 비슷하다고 말한 것이다.

만일 사람이 無爲自然의 道에 따라 살고 싶다면 그 방법을 물에서 배우는 것이 가장 빠른 길이다.

물이 낮은 곳만을 골라 머물듯이 몸은 낮은 평지 — 지위 — 에 두어야 하고, 마음은 물이 가득하게 고인 연못처럼 깊게 지니어 그윽해야 하고, 다른 사람에게 은혜를 베풀 때는 물이 만물을 고루 길러내되 보수를 요구하지 않듯이 사심 없이 알지도 못하게 베풀어야 하고, 물이 흐를 때 흐르고 멈출 때 멈추듯이 말은 신의가 있어야 하고, 정치는 물이 만물을 절로 자라나게 하듯이 백성들을 절로 다스려지게 해야 하고, 일을 할 때는 물이 공을 이루듯이 능력이 있어야 하고, 또 물이 흘러 깊은 곳을 채우듯이 때에 맞추어 행동해야 한다.

이와 같은 물의 덕행을 체득한 성인은 언제나 무사무욕(無私無慾)하여 남들과 부귀공명을 다투는 일이 없기 때문에 능히 원망이나 재앙을 받는 일이 없는 것이다.

제18장에서도 물의 덕행을 찬양하고 있다.

제9장 지이영지(持而盈之)

持而盈之 不如其已 揣而銳之 不可長保.
지 이 영 지 불 여 기 이 취 이 예 지 불 가 장 보

金玉滿堂 莫之能守 富貴而驕 自遺其咎.
금 옥 만 당 막 지 능 수 부 귀 이 교 자 유 기 구

功遂身退 天之道.
공 수 신 퇴 천 지 도

가득 담긴 그릇을 들고 있음은 그것을 그만두느니만 못하고,

날카롭게 간 칼날은 오래 보존하지 못한다.

금과 옥이 집에 가득하면 능히 지키지 못하고,

부귀하고서 교만하면 스스로 그 재앙을 끼치게 된다.

공을 이루면 물러나는 것은 하늘의 道이다.

【글자 뜻】持:가질 지. 盈:찰 영. 已:말 이. 이미 이. 揣:헤아릴 취. 잴
췌. 銳:날카로울 예. 保:보전할 보. 驕:교만할 교. 遺:끼칠 유. 咎:
허물 구. 遂:이를 수. 드디어 수. 退:물러갈 퇴.

【말의 뜻】持而盈之:그릇에 가득 채워서 들고 있음. 盈而持之의 도치법
(倒置法). 不如其已:그것을 그만두느니만 못함. 揣而銳之:칼날을 날
카롭게 갈아서 간수함. 이것도 銳而揣之의 도치법. 金玉滿堂:금과 옥
이 집에 가득함. 莫之能守:능히 지키지 못함. 이것도 莫能守之의 도
치법. 富貴而驕:부귀하고서 교만함. 自遺其咎:스스로 그 재앙을 끼
침. 功遂身退:공을 이루면 몸이 물러남.

【뜻 풀이】노자는 無爲와 無慾을 주장하지만 그의 無爲는 아무것도 하

지 않고 가만히 앉아 있는 無爲가 아니라 自然의 법칙에 따라 행함을 의미하며, 그의 無慾도 사리사욕을 없애야 함을 뜻하는 것이다.

앞 장에서 不爭無尤, 즉 다투지 않으면 재앙이 없음을 말하였거니와 사리사욕이 없으면 다투지 않게 되고, 만족할 줄 알면 사리사욕은 저절로 없어지게 된다.

그릇에 물을 가득 부어서 들고 있으면 오래 지탱하지 못한다. 그러므로 애당초 그릇이 차기 전에 붓기를 그만두어 알맞게 하는 것이 상책이다. 또 칼날을 너무 날카롭게 갈면 아무리 잘 간수하려 해도 오래 보전하지 못한다. 그러므로 애당초 조금 무디게 갈아 아무리 굴려도 오래 보전할 수 있게 하는 것이 상책이다.

그런데 세상 사람들은 이 自然의 원리를 모르기 때문에 재물을 욕심내어 한없이 쌓으려 하고 한없이 부귀를 누리려 한다. 하지만 금은보화가 집에 가득하면 능히 다 지키지 못하고, 부귀하다고 교만하면 스스로 원망과 재앙을 불러들일 뿐이다. 사람도 공명을 이루면 그 공명에 머물러 있지 말고 물러나는 것이 곧 하늘의 道인 것이다.

제53장에서는 '문채 나는 옷을 입고, 날카로운 칼을 차고, 음식을 배불리 먹고, 재물이 남아돌면 이를 일러 도둑의 영화라고 한다.'고 하였다.

제10장 재영백(載營魄)

載營魄抱一 能無離乎 專氣治柔 能如嬰兒乎 滌除玄
재 영 백 포 일 능 무 리 호 전 기 치 유 능 여 영 아 호 척 제 현

覽 能無疵乎.
람 능 무 자 호

愛民治國 能無爲乎 天門開闔 能爲雌乎 明白四達 能
애 민 치 국 능 무 위 호 천 문 개 합 능 위 자 호 명 백 사 달 능

無知乎.
무 지 호

生之畜之 生而不有 爲而不恃 長而不宰 是謂玄德.
생 지 축 지 생 이 불 유 위 이 불 시 장 이 부 재 시 위 현 덕

　　육체를 싣고 道를 지니어 지켜 능히 떠나지 않을 수 있겠는가? 기운을
오로지하여 부드러움을 이루어 능히 어린아이 같을 수 있겠는가? 현묘한
마음의 거울에서 먼지와 때를 깨끗이 닦아 능히 한 점의 흠도 없게 할 수
있겠는가?

　　백성을 사랑하고 나라를 다스림에 능히 無爲를 행할 수 있겠는가? 하
늘의 문이 열리고 닫혀도 능히 암컷일 수 있겠는가? 모든 일을 명백하게
알아 막힘이 없으면서도 능히 無知한 사람 같을 수 있겠는가?

　　만물을 낳고 기르지만 생겨나도 소유하지 않고, 일하고도 공을 뽐내지
않고, 자라게 하고도 다스리려 하지 않으니 이를 일러 현묘한 덕이라 한
다.

【글자 뜻】 載:실을 재. 營:경영 영. 魄:넋 백. 抱:안을 포. 離:떠날 리.
　　專:오로지할 전. 柔:부드러울 유. 嬰:어릴 영. 滌:씻을 척. 除:제할
　　제. 覽:볼 람. 疵:흠 자. 闔:닫을 합. 雌:암컷 자. 畜:기를 축. 恃:

믿을 시. 宰:주재할 재. 재상 재.

【말의 뜻】 載營魄:육체를 실음. 營은 활동하여 수고롭게 함. 魄은 사람의
형체. 抱一:道를 지니어 지킴. 一은 道를 가리킴. 專氣致柔:정신력을
집중하여 부드러움을 이루어 냄. 滌除玄覽:현묘한 마음의 거울에서
먼지와 때를 깨끗이 씻어냄. 覽은 거울의 뜻. 玄覽은 현묘한 사람의
마음을 거울에 비유한 것임. 能無疵乎:능히 흠이 없게 할 수 있는가?
마음의 흐림을 없앨 수 있는가? 天門開闔:하늘의 문이 열리고 닫힘.
天門은 만물이 나오고 들어가는 문. 天門이 열리면 만물이 생겨나고
닫히면 만물이 죽어 본래의 無로 돌아감. 제1장의 衆妙之門, 제6장의
玄牝之門과 같은 뜻. 能爲雌乎:능히 암컷이 될 수 있는가? 암컷은 부
드럽고 약하고 소극적임을 상징. 生之畜之:만물을 낳고 기름. 生而
不有:생겨나도 자기 소유로 삼지 않음. 爲而不恃:일을 하고도 뽐내지
않음. 長而不宰:성장시키면서도 주재하지 않음. 玄德:그윽한 덕.

【뜻 풀이】 이 장에서는 天地自然의 道를 체득한 사람의 그윽한 덕을 열거
하고 있다.

사람이란 눈, 코, 입, 귀와 손, 발, 배와 같은 형체를 싣고 살아야 하
기 때문에 시시각각 외부로부터 자극을 받아 잠시도 쉼없이 고달픈
생을 영위하고 있다. 그러면서도 하나밖에 없는 영원불변한 自然의
道를 지켜 능히 이 道에서 잠시도 떠나지 않을 수 있겠는가?

또 천진무구(天眞無垢)한 어린아이처럼 오로지 집중하여 능히 부드
럽고 약해질 수 있겠는가?

현묘하기 짝이 없는 마음의 거울을 닦아 능히 한 점의 사리사욕도
끼이지 않게 할 수 있겠는가?

自然의 법칙인 無爲로써 능히 백성을 사랑하고 나라를 다스릴 수

있겠는가?

하늘의 문이 열리고 닫힘에 따라 태어나고 죽더라도 능히 암컷처럼 피동적으로 이에 순응할 수 있겠는가?

모든 사물의 이치를 환히 깨달아 막힘이 없으면서도 능히 아무것도 모르는 체할 수 있겠는가?

이상의 여섯 가지 덕을 능히 행할 수 있는 성인은 마치 天地와 自然이 그렇듯이 만물을 나게 하고 자라게 하지만 생겨나도 자기 소유로 삼는 일이 없으며, 공을 세우고도 뽐내는 일이 없으며, 자라나게 하면서도 주재자의 지위에 머무르지 않으니 이를 일러 그윽한 덕이라고 한다.

제28장에 '그 수컷을 알고서 그 암컷을 지키면 천하의 시냇물이 되며, 천하의 시냇물이 되면 참다운 덕이 떠나지 않아 어린아이로 되돌아간다.'고 하였다. 또 제55장에도 '덕을 두터이 지니고 있는 사람은 갓난아기와 같다.'는 말이 있다.

제11장 삼십복(三十輻)

三十輻共一轂 當其無有車之用
삼 십 복 공 일 곡 당 기 무 유 거 지 용

埏埴以爲器 當其無有器之用
연 식 이 위 기 당 기 무 유 기 지 용

鑿戶牖以爲室 當其無有室之用.
착 호 유 이 위 실 당 기 무 유 실 지 용

故有之以爲利 無之以爲用.
고 유 지 이 위 리 무 지 이 위 용

   수레바퀴에 서른 개의 바퀴살이 한 바퀴통에 모여 있는데 그 가운데가 비었기 때문에 수레를 쓸 수 있으며,

   찰흙을 이겨서 그릇을 만드는데 그 빈 곳이 있기 때문에 그릇을 쓸 수 있으며,

   문과 창문을 뚫고 방을 만드는데 그 가운데가 비었기 때문에 방을 쓸 수 있는 것이다.

   그러므로 有가 이용되는 까닭은 無가 작용하기 때문인 것이다.

【글자 뜻】 輻:바퀴살 복.　轂:바퀴통 곡.　車:수레 거.　埏:흙이길 선.
　埴:찰흙 식.　器:그릇 기.　鑿:뚫을 착.　戶:지게문 호.　牖:창문 유.

【말의 뜻】 三十輻:수레바퀴 삼십 개의 살.　共一轂:한 바퀴통에 함께 모여 있음.　當其無:그 가운데가 無로 비어 있음. 가운데 구멍이 있어 굴대를 끼우게 되어 있음.　埏埴:찰흙을 이김.　爲器:그릇을 만듦.　鑿戶牖:출입문과 창문을 뚫음.　爲室:방을 만듦.　有:형체가 있는 것.
　爲利:이용할 수 있음.　以:까닭.　爲用:작용을 함.

【뜻 풀이】이 장에서는 노자의 중심 사상인 虛無의 유용함을 비유로써 말하고 있다. 道는 원래 형체가 없어 虛요 無인 것이다.

　수레는 바퀴로 굴러가는데 바퀴에는 삼십 개의 살이 복판에 있는 바퀴통을 중심으로 모여 있다. 얼핏 보기에는 바퀴가 수레를 굴러가게 하는 것 같지만 여기에서 가장 중요한 것은 바퀴통 복판에 빈 구멍이 뚫려 있어 여기에 굴대를 끼울 수 있기 때문에 바퀴가 구르고 수레가 움직이게 된다는 점이다.

　이와 마찬가지로 찰흙을 이겨 가마에 넣고 구워서 만든 그릇 역시 가운데가 비어 있기 때문에 그릇으로 쓸 수 있다.

　또 방을 만드는 일만 해도 그렇다. 아무리 사람이 드나들 수 있는 문과 빛이 들어오는 창문을 만들지라도 안이 비어 있지 않으면 방의 쓸모는 전혀 없다.

　이와 같은 사실로 미루어 볼 때 형체를 가진 有가 유익하게 쓰이는 까닭은 형체가 없는 無가 작용하기 때문이다. 요컨대 有에 앞서 無가 작용하지 않는다면 有는 아무 쓸모도 없게 된다.

　회남자(淮南子)에도 '대저 구멍은 정신의 문이요 창이다. 귀와 눈은 사람 몸 안의 텅 빈 곳으로 총명이 통하는데 본래 허무하나 소리와 형체에 가려지면 그 구멍은 막혀버린다.'고 하였다.

제12장 오색(五色)

五色令人目盲 五音令人耳聾 五味令人口爽.
오 색 령 인 목 맹 오 음 령 인 이 롱 오 미 령 인 구 상

馳騁田獵令人心發狂 難得之貨令人行妨.
치 빙 전 렵 령 인 심 발 광 난 득 지 화 령 인 행 방

是以聖人爲腹不爲目 故去彼取此.
시 이 성 인 위 복 불 위 목 고 거 피 취 차

다섯 가지 빛깔은 사람으로 하여금 눈을 멀게 하고, 다섯 가지 音은 사람으로 하여금 귀먹게 하고, 다섯 가지 맛은 사람으로 하여금 입을 어긋나게 한다.

말 타고 달려 사냥함은 사람의 마음을 미치게 만들고, 얻기 어려운 귀한 재물은 사람의 행동을 비뚤어지게 만든다.

이런 까닭으로 성인이 배에 힘쓰고 눈에 힘쓰지 않음은 저것을 버리고 이것을 취하는 것이다.

【글자 뜻】令:하여금 령. 盲:눈멀 맹. 聾:귀먹을 롱. 味:맛 미. 爽:어긋날 상. 상쾌할 상. 馳:달릴 치. 騁:달릴 빙. 田:사냥 전. 밭 전. 獵: 사냥 렵. 狂:미칠 광. 難:어려울 난. 貨:재물 화. 妨:해로울 방. 腹: 배 복. 去:버릴 거. 갈 거.

【말의 뜻】五色:靑·黃·赤·白·黑의 다섯 가지 빛깔. 令人目盲:사람으로 하여금 눈이 멀게 함. 五音:宮·商·角·徵(치)·羽의 다섯 음계. 五味:달고 짜고 시고 쓰고 매운 다섯 가지 맛. 口爽:입을 어긋나게 함. 馳騁:말 타고 달림. 田獵:사냥함. 難得之貨:얻기 어려운 재물. 금은보화와 같은 귀한 재물. 行妨:덕행을 방해함. 爲腹:안으로

道에 충실함. 爲目:밖으로 욕망을 추구함. 去彼取此:저것을 버리고 이것을 취함. 즉 욕망을 버리고 無爲自然의 道를 취함.

【뜻 풀이】 이 장에서는 외부로부터 오관(五官)을 자극하는 욕망에 사로잡히면 사람은 그 본성을 잃게 되므로 이를 물리치고 본성을 지켜 道에 충실하라고 말한다.

五色令人目盲 ― 사람의 감각기관은 외부의 사물을 있는 그대로 받아들여야 마음이나 생각도 본성을 잃지 않게 마련이다. 아름다운 빛깔은 사람의 눈길을 끌게 되는데 그 빛깔에 마음을 빼앗기면 밝아야 할 눈의 기능이 마비되고 만다.

특히 아름다운 女色에 눈이 어두워지면 사람은 본성을 잃고 방탕해지게 된다. 위정자가 女色에 눈이 어두워지면 나라가 어지럽게 됨은 역사에서 흔히 볼 수 있는 일이며, 보통 사람이 女色에 눈이 어두워져 가정을 파탄으로 몰아넣게 되는 것은 우리 주변에서도 흔히 볼 수 있는 일이다.

전국책(戰國策:魏策)에 의하면 춘추시대 패자(覇者)인 진문공(晋文公)은 남지위(南之威)라는 미인에게 마음을 빼앗겨 사흘 동안 조정의 일을 물리치고 조회(朝會)도 열지 않다가 스스로 깨우치고 남지위를 멀리 내친 다음, '후세에 반드시 女色으로 말미암아 나라를 멸망케 하는 자가 있으리라.'고 말했다 한다. 진문공은 다행히 女色에 멀었던 눈을 사흘 만에 다시 뜰 수 있었기 때문에 여러 제후들을 누르고 패왕(覇王)이 될 수 있었던 것이다.

또 신라시대 김유신(金庾信) 장군이 젊었을 때 기녀의 집에 자주 출입하더니 어머니의 간곡한 훈계로 女色에 멀었던 눈을 뜨게 되었다는 이야기도 유명하다. 어느 날 밤, 취한 그를 태운 말이 전에 가던 기녀의 집으로 향했다. 뒤늦게 술에서 깨어난 김유신은 그 자리에서 칼로 말의 목을 자른 다음 그 기녀의 집에 발길을 끊었다고 한다. 그러기에 그는 능히 삼국통일에 큰 공훈을 세울 수 있었던 것이다.

五音令人耳聾 ── 귀가 밝은 것을 총명하다고 말한다. 사람은 누구나 귀로 들어서 사물의 이치를 깨닫게 되는 것이다. 그런데 아름다운 소리는 누구나 듣기 좋지만 그것에 마음을 빼앗기면 총명이 흐려지게 된다. 특히 귀를 즐겁게 하는 방탕한 음악은 사람의 마음을 방탕으로 흐르게 하기 쉽고, 귀를 기쁘게 하는 달콤한 말은 사람의 총명을 어둡게 만들어 본성까지 잃게 만든다. 그래서 공자도 '듣기 좋은 말과 보기 좋은 빛에는 仁이 드물다.(論語 學而篇)'고 한 것이다.

五味令人口爽 ── 산해진미(山海珍味)의 아름다운 맛은 사람의 입을 놀라게 하며, 이를 즐겨 먹으면 입이 병들어 본성을 잃게 된다. 한 그릇의 밥과 채소와 된장국은 맛이 담담하지만 언제나 변함없는 맛이다.

이상에서 말한 五色, 五音, 五味는 각각 감각기관인 눈과 귀와 입의 욕망을 추구함으로써 본성을 잃게 함을 예로 든 것이다. 大學에도 '마음에 있지 않으면 보아도 보이지 않고 들어도 들리지 않고 먹어도 그 맛을 모른다.'는 말이 있다.

馳騁田獵令人心發狂 ── 말 타고 사냥하기, 즉 오락과 잡기는 사람의 마음을 미치게 만든다. 물론 알맞은 운동이나 건전한 오락을 적당히 즐기면 건강이나 마음의 휴양을 위해서도 좋은 일이다. 더구나 자연을 잃고 살아가야 하는 현대 도시인에게는 꼭 필요한 일이기도 하다. 그러나 지나치게 몰입하거나 건전하지 못한 오락과 잡기에 손대는 것은 마음의 본성을 잃어 미치광이가 되게 할 뿐이다.

難得之貨令人行妨 ── 사람은 재물이 없으면 하루도 살아갈 수 없

다. 그래서 사람은 재물을 좋아하게 마련인 것이다. 그렇지만 얻기 어려운 귀한 재물, 즉 필요 이상의 많은 재물이 무슨 소용 있는가? 만일 재물을 얻는 데 악착같이 마음을 둔다면 목적을 달성하기 위하여 부정과 절도, 사기 따위 온갖 악행을 저지르고 말 것이다. 그래서 제3장에서도 '얻기 어려운 재물을 윗사람이 귀하게 여기지 않는다면 백성이 도둑질을 하지 않게 할 수 있다.'고 말한 것이다.

爲腹不爲目 ── 無爲自然의 道를 체득한 사람은 지금까지 말한 인위적 사물의 유혹에 마음을 쓰지 않고(不爲目), 뱃속에 無爲自然의 道를 채우는 데 힘쓴다(爲腹). 이것은 제3장에서 '마음을 비우게 하고 배를 채워 준다.'고 말한 것과 같은 뜻이다.

去彼取此 ── 無爲自然의 道를 체득한 사람은 저 부귀와 공명 같은 욕망의 세계를 버리고 오직 이 無爲自然의 道를 취하여 꾸준히 지켜 나가는 것이다.

莊子 天地篇에도 이와 비슷한 글이 실려 있는데 참고로 소개하면 다음과 같다.

"대저 본성을 잃게 하는 것이 다섯 가지 있으니 첫째, 다섯 가지 빛이 눈을 어지럽혀 밝지 못하게 하고 둘째, 다섯 가지 소리가 귀를 어지럽혀 총명하지 못하게 하고 셋째, 다섯 가지 냄새가 코를 찔러 냄새를 못 맡게 하고 넷째, 다섯 가지 맛이 입을 흐려 제 맛을 모르게 하고 다섯째, 오락 잡기가 마음을 어지럽혀 본성이 흩어지게 하는 것이니, 이 다섯 가지는 다 살아가는 데 해독이 되는 것이다."

제13장 총욕(寵辱)

寵辱若驚 貴大患若身.
총 욕 약 경 귀 대 환 약 신

何謂寵辱若驚 寵爲上辱爲下 得之若驚 失之若驚 是
하 위 총 욕 약 경 총 위 상 욕 위 하 득 지 약 경 실 지 약 경 시

謂寵辱若驚.
위 총 욕 약 경

何謂貴大患若身 吾所以有大患者 爲吾有身 及吾無身
하 위 귀 대 환 약 신 오 소 이 유 대 환 자 위 오 유 신 급 오 무 신

吾有何患.
오 유 하 환

故貴以身爲天下著 可以寄天下 愛以身爲天下者 及可
고 귀 이 신 위 천 하 저 가 이 기 천 하 애 이 신 위 천 하 자 급 가

以託天下.
이 탁 천 하

  세상 사람들은 부귀영화와 빈천굴욕(貧賤屈辱)에 놀라는 것같이 큰 재
앙인 부귀영화를 자기 몸처럼 귀하게 여긴다.

  그러면 부귀영화와 빈천굴욕에 놀라는 것 같음은 무엇을 이르는 것인
가? 부귀영화를 좋은 것이라 여기고 빈천굴욕을 나쁜 것이라 여겨, 부귀
영화를 얻으면 놀라는 것 같고 또 부귀영화를 잃어도 놀라는 것 같으니
이것을 부귀영화와 빈천굴욕에 놀라는 것 같다고 말한다.

  큰 재앙인 부귀영화를 자기 몸처럼 귀하게 여긴다고 함은 무엇을 이르
는 것인가? 큰 재앙이 있다고 하는 것은 나에게 몸이 있다고 생각하기 때
문이다. 나에게 몸이 없다면야 무슨 재앙이 있겠는가?

  그러므로 내 몸을 귀하게 여김으로써 천하를 다스리는 사람이라면 가
히 천하를 맡길 수 있고, 내 몸을 사랑함으로써 천하를 다스리는 사람이

라면 가히 천하를 맡길 수 있다.

【글자 뜻】寵:영화로울 총. 사랑할 총. 辱:욕될 욕. 驚:놀랄 경. 患:재앙
환. 근심 환. 爲:다스릴 위. 할 위. 寄:맡길 기. 부칠 기. 託:맡길 탁.
부탁할 탁.

【말의 뜻】寵辱:부귀영화와 빈천굴욕. 若驚:놀라는 것 같음. 大患:큰 재
앙, 즉 부귀영화. 寵爲上:부귀영화를 좋은 것으로 여김. 辱爲下:빈천
굴욕을 나쁜 것으로 여김. 得之:부귀영화를 얻음. 爲吾有身:나에게
몸이 있기 때문임. 吾有何患:나에게 무슨 재앙이 있겠는가? 貴以身
爲天下者:내 몸을 귀하게 여김으로써 천하를 다스리는 사람. 爲天下:
천하를 다스림. 寄天下:천하를 맡김. 託天下:천하를 맡김.

【뜻 풀이】 이 장에서는 사람이란 자기 한 몸의 부귀영화나 빈천굴욕 같은
외형적인 굴레에서 벗어나 참다운 자아(自我)를 발견하여 천하와도
바꾸지 않을 만큼 사랑할 때 비로소 無爲自然의 道를 체득할 수 있으
며 이런 사람이야말로 천하를 맡아 다스릴 자격이 있음을 주장하고
있다.

　세상 사람들은 부귀와 영화를 얻으면 기뻐서 가슴이 두근거리며 놀
라고, 또 빈천과 굴욕을 당하면 슬퍼한다. 그러나 한 걸음 높은 단계
에 올라서서 내려다 본다면 부귀와 빈천의 구별이 없고 영화와 굴욕
의 차별도 가소로운 일이다. 그런데도 세상 사람들은 빈천과 굴욕을
싫어하고 큰 재앙과 근심을 안겨 줄 뿐인 부귀와 영화를 탐내어 자기
몸보다 더 귀중하게 생각하며 자나 깨나 죽는 날까지 이 재앙을 추구
하기에 여념이 없으니 실로 한심스러운 일이 아닐 수 없다.

　그러면 부귀와 영화, 빈천과 굴욕을 보고 놀란다는 것은 무엇을 말

함인가? 세상 사람들은 부귀와 영화를 귀중하게 여기고 빈천과 굴욕을 천하게 생각하여 누구나 부귀와 영화를 쫓고 있지만, 부귀와 영화를 얻으면 기뻐서 놀라고 그것을 잃어 빈천과 굴욕을 당하면 슬퍼서 또 놀란다. 이것이 바로 부귀와 영화에도 놀라고 빈천과 굴욕에도 놀란다는 것이다.

孔子도 '저속한 사나이와는 임금을 함께 섬길 것이 못 된다. 지위를 얻기 전에는 그것을 얻기 위하여 근심하고 지위를 얻은 뒤에는 그것을 잃을까 하여 또 근심한다.(論語 陽貨篇)' 라고 말했다.

그러면 큰 재앙 — 부귀영화 — 을 자기 몸처럼 귀중하게 여긴다 함은 무엇을 말한 것인가? 무릇 세상 사람들이 부귀영화나 빈천굴욕 같은 큰 재앙을 안고 살아가는 까닭은 항상 자기 몸을 있는 것으로 생각하기 때문이다. 만일 자기 몸을 없는 것으로 생각한다면 부귀와 빈천이 어디 있으며 영화와 굴욕이 어디에 있겠는가!

공자가 '거친 밥을 먹고, 한 모금 물을 마시고, 팔을 구부려 베고 누웠어도 즐거움은 그 속에 있는 것이니 옳지 못하고서 부귀한 것은 나에게 뜬구름과 같다.(論語 述而篇)' 고 말한 바와 같이, 아무리 빈천한 생활 속이라도 능히 안빈낙도(安貧樂道)할 수 있는 것이므로 뜬구름 같은 부귀와 영화를 탐낼 것이 무엇이랴.

그러므로 부귀나 빈천, 영화나 굴욕을 뜬구름처럼 생각하고 진실로 자기의 몸과 마음을 소중히 여기고 사랑하여 虛無와 自然의 道를 체득한 사람이라야 능히 천하를 맡아 다스릴 수 있는 것이다.

제14장 시지불견(視之不見)

視之不見 名曰夷 聽之不聞 名曰希 搏之不得 名曰微
시지불견 명왈이 청지불문 명왈희 박지부득 명왈미

此三者 不可致詰 故混而爲一.
차삼자 불가치길 고혼이위일

其上不曒 其下不昧 繩繩不可名 復歸於無物 是謂無
기상불교 기하불매 승승불가명 복귀어무물 시위무

狀之狀 無象之象 是謂惚恍.
상지상 무상지상 시위홀황

迎之不見其首 隨之不見其後 執古之道 以御今之有
영지불견기수 수지불견기후 집고지도 이어금지유

能知古始 是謂道紀.
능지고시 시위도기

　道는 그것을 보려 해도 보이지 않는지라 이름 하여 빛깔 없는 것이라 하고, 그것을 들으려 해도 들리지 않는지라 이름 하여 소리 없는 것이라 하고, 그것을 잡으려 해도 잡히지 않는지라 이름 하여 형체 없는 것이라 한다. 이 세 가지로는 道의 본체를 파악할 수 없다. 그러므로 道란 이 세 가지가 뒤섞여 하나가 된 것이다.

　道는 그 위라고 하여 밝지 않고, 그 아래라고 하여 어둡지 않으며, 끊임없이 계속되건만 무어라 이름 붙일 수도 없는데 아무것도 없는 無로 다시 돌아가는지라 이를 일러 '형체 없는 형체요, 형상 없는 형상'이라 하며, 이를 일러 '없는 듯하며 있고, 있는 듯하며 없는 것'이라 한다.

　道는 그것을 앞에서 맞이해도 그 머리가 보이지 않고, 그것을 뒤따라가도 그 꼬리가 보이지 않는다. 태고 때의 道를 잡고 지금의 만물을 다스리므로 능히 태고의 시초임을 알 수 있으며 이를 일러 道의 근본이라

한다.

【글자 뜻】 視:볼 시. 夷:평평할 이. 오랑캐 이. 聽:들을 청. 希:적을 희.
바랄 희. 搏:잡을 박. 微:은미할 미. 적을 미. 詰:다스릴 길. 混:섞
을 혼. 皦:밝을 교. 昧:어두울 매. 繩:이을 승. 줄 승. 狀:형상 상.
문서 장. 象:코끼리 상. 형상 상. 惚:황홀할 홀. 恍:황홀할 황. 迎:
맞을 영. 首:머리 수. 隨:따를 수. 執:잡을 집. 御:다스릴 어. 紀:터
기. 해 기.

【말의 뜻】 視之不見:보아도 보이지 않음. 夷:보일락 말락 한 기운. 聽之
不聞:들어도 들리지 않음. 希:들릴락 말락 한 소리. 搏之不得:잡아도
잡히지 않음. 微:아주 작은 것. 不可致詰:확실히 파악할 수 없음. 混
而爲:뒤섞여 하나가 됨. 不微:밝지 않음. 不昧:어둡지 않음. 繩繩:
끊임없이 이어진 모양. 不可名:이름 붙일 수 없음. 復歸於無物:다시
아무것도 없는 곳으로 돌아감. 無狀之狀:형체가 없기도 하고 있기도
한 것. 無象之象:기운이 없기도 하고 있기도 한 것. 惚恍:있는 것도
같고 없는 것도 같은 것. 迎之:앞에서 맞이함. 隨之:뒤에서 따라감.
執古之道:옛날의 道를 잡음. 御今之有:지금의 만물을 다스림. 古始:
天地와 만물의 시초. 道紀:道의 기원.

【뜻 풀이】 이 장에서는 소리나 형태도 없고, 시작도 없고 끝도 없으면서
능히 천지와 만물을 지배하고 있는 虛無의 道의 본질을 설명하고 있
다.

　道는 그 모습을 눈으로 보려 해도 볼 수 없는 무형(無形)이요, 소리
를 들으려 해도 들을 수 없는 무성(無聲)이요, 형태를 잡으려 해도 잡
을 수 없는 무태(無態)다. 그러니 이 세 가지로는 道의 본체를 밝혀낼

수 없으며 결국 이 세 가지 無가 혼연히 하나로 뭉쳐서 이루어진 것이 道이다.

모든 물체는 위로 솟아오른 쪽은 환히 밝아서 볼 수 있고, 밑으로 가라앉은 쪽은 어두워서 보이지 않게 마련이다. 그렇지만 道는 위쪽이라고 더 밝지 않고, 아래쪽이라고 더 어둡지 않아 전체가 밝지도 어둡지도 않은 것이다. 그러면서 태고시절부터 지금까지 끊어지는 일도 없이 계속되어 무엇이라고 이름 붙일 수도 없으며 결국 아무것도 없는 無로 다시 돌아간다.

그러므로 굳이 이것을 이름 짓는다면 '형체 없는 형체, 상태 없는 상태'라고나 하면 될까? 또는 '있는 듯하면서 없고, 없는 듯하면서 있는 것'이라고나 할까? 정확하게 무엇이라고 표현할 길이 없는 것이다.

또 모든 물체는 앞에서 보면 머리가 보이고 뒤에서 보면 꼬리가 보이게 마련이지만 道는 앞에서 보아도 머리를 볼 수 없고 뒤에서 보아도 꼬리를 볼 수 없다. 그럼에도 태고시절에 하늘과 땅과 만물을 만들어내고 다스리던 방법 그대로 오늘날에 이르기까지 조금도 변함없이 만물을 태어나게 하고 자라나게 하며 다스리고 있다.

이로써 無爲自然의 道는 우주와 하늘과 땅보다도 앞선 것임을 알 수 있는데 이것이 바로 道의 근본이다.

視之不見 聽之不聞 — 보아도 보이지 않고 들어도 들리지 않는다. 제35장에서는 '보아도 족히 볼 수 없고 들어도 족히 들을 수 없으나 아무리 써도 다함이 없다.'고 하였다.

그리고 이것은 莊子의 北知遊篇과 天運篇, 韓非子의 解老篇, 淮南子의 道應篇, 列子의 天瑞篇 등에서 많이 인용된 유명한 말이다.

제15장 고지선위사(古之善爲士)

古之善爲士者 微妙玄通 深不可識 夫惟不可識 故强
고 지 선 위 사 자　미 묘 현 통　심 불 가 식　부 유 불 가 식　고 강

爲之容.
위 지 용

豫兮若冬涉川 猶兮若畏四隣 儼兮其若客 渙兮若氷之
예 혜 약 동 섭 천　유 혜 약 외 사 린　엄 혜 기 약 객　환 혜 약 빙 지

將釋 敦兮其若樸 曠兮其若谷 渾兮其若濁.
장 석　돈 혜 기 약 박　광 혜 기 약 곡　혼 혜 기 약 탁

孰能濁以靜之徐淸 孰能安以動之徐生 保此道者 不欲
숙 능 탁 이 정 지 서 청　숙 능 안 이 동 지 서 생　보 차 도 자　불 욕

盈 夫惟不盈 故能敝不新成.
영　부 유 불 영　고 능 폐 불 신 성

　옛날의 훌륭한 선비는 미묘 현통(微妙玄通)하여 그 깊이를 헤아릴 수 없었다. 무릇 헤아릴 수 없는지라 군이 형용을 표현하자면 이러하다.

　겨울철에 머뭇거리며 내를 건너는 것 같고, 느려서 사면의 적을 두려워하는 것 같고, 의젓하여 손님과 같고, 얼음이 장차 녹을 것 같고, 두터워서 다듬지 않은 나무토막 같고, 넓어서 골짜기 같고, 뒤섞여서 흐린 물 같다.

　누가 능히 흐린 것을 고요히 하여 서서히 맑게 할 수 있겠는가? 또 누가 능히 안정된 것을 움직여 서서히 살아 움직이게 할 수 있겠는가? 이 道를 지닌 사람은 가득 차기를 바라지 않고 무릇 가득 차지 않으므로 능히 해진 것 그대로여서 새로 이루지 않는 것이다.

【글자 뜻】識:알 식. 强:억지로 강. 강할 강. 容:모습 용. 얼굴 용. 豫:머

뭇거릴 예. 미리 예. 涉:건널 섭. 猶:느릴 유. 畏:두려워할 외. 隣:
이웃 린. 儼:의젓할 엄. 渙:풀릴 환. 釋:풀릴 석. 敦:도타울 돈. 樸:
등걸나무 박. 曠:너를 광. 渾:섞일 혼. 孰:누구 숙. 濁:흐릴 탁. 靜:
고요할 정. 徐:천천히 서. 保:보전할 보. 盈:찰 영. 敝:해질 폐.

【말의 뜻】善爲士者:훌륭한 선비. 無爲自然의 道를 체득한 사람. 微妙:
무궁한 조화를 지니고 있음. 玄通:현묘하게 통달하여 있음. 强爲之
容:억지로 그 모습을 표현함. 豫兮·猶兮:머뭇거리는 모양. 兮는 然
乎의 뜻. 冬涉川:겨울철에 내를 건넘. 畏四隣:사방의 적을 두려워함.
儼兮:의젓한 모양. 渙兮:풀어진 모양. 氷之將釋:얼음이 장차 풀리려
함. 敦兮:두터운 모양. 꾸밈이 없는 모양. 樸:다듬지 않은 통나무.
曠兮:너른 모양. 텅 빈 모양. 渾兮:잘 뒤섞인 모양. 靜之徐淸:고요하
여 서서히 맑아짐. 久之徐生:오래 기다려 서서히 생동함. 保此道者:
無爲自然의 道를 지닌 사람. 不欲盈:가득 차기를 바라지 않음. 能敝
不新成:언제까지나 해지지 않기 때문에 굳이 새로운 것을 만들지 않
음. 能은 耐의 뜻.

【뜻 풀이】앞의 장에서는 道의 본질과 작용을 말했거니와 이 장에서는 無
爲自然의 道를 체득한 사람의 소극적이고도 욕심 없는 생활태도를 말
한다.

옛날 無爲自然의 道를 체득한 훌륭한 사람은 미묘하고 불가사의한
모든 사물의 이치에 통달해 있어서 그 깊이를 이루 헤아려 알 길이 없
었다. 그 모습을 무어라고 말로 표현할 수 없지만 굳이 표현한다면 다
음과 같다.

그들은 추운 겨울날에 맨발로 시냇물을 건너려는 사람처럼 모든 일
에 주저했고, 사방의 적에게 포위된 것처럼 두려워했으며, 손님으로

간 사람같이 의젓했고, 봄철이 되어 얼음이 풀리듯 사물에 구애됨이 없었고, 아직 다듬지 않은 나무토막처럼 순박했으며, 넓은 골짜기와 같이 마음속을 텅 비워 흙탕물처럼 속세에 뒤섞여 살았던 것이다.

아무리 흙탕물이라도 조용히 기다리고 있으면 서서히 물의 본성인 맑음을 되찾을 수 있게 마련이다. 그러나 지금 세상에 누가 이처럼 기다릴 수 있겠는가?

이와 같은 일은 자기의 지혜와 능력과 덕인 밝은 빛을 가슴속 깊이 간직하고 속세 사람들과 한데 어울려 차차로 그 밝은 빛이 모든 사람들에게 동화(同化)되는 화기광동기진(和其光同其塵)이니 無爲自然의 道를 체득한 사람만이 해낼 수 있는 것이다.

또 세상 사람들은 한번 안일한 생활에 빠지면 생동력(生動力)을 잃고 만다. 누가 능히 안정된 속에서도 서서히 생동하는 힘을 발휘할 수 있겠는가? 이것이 곧 정중동(靜中動)이니 無爲自然의 道를 체득한 사람만이 해낼 수 있는 것이다.

흙탕물 속에서도 맑아지기를 기다리고, 안정된 속에서도 항상 생동하는 힘을 잃지 않는, 無爲自然의 道를 지키며 살아가는 사람은 언제나 욕심내는 일이 없기 때문에 부귀나 영화가 가득 채워지기를 바라지 않는다. 부귀나 영화가 가득 채워지는 일이 없기 때문에 그들에게는 엎어지는 욕된 일도 없고, 또 道는 아무리 써도 다하는 일이 없기 때문에 굳이 일을 새로 시작해야 할 필요도 없는 것이다.

제9장에서도 '가득 담긴 그릇을 들고 있음은 그것을 그만두느니만 못하다(持而盈之 不如其已)'라고 말했다. 여기에서 말한 '가득 담긴 그릇'이란 곧 부귀나 영화가 가득 담긴 것을 뜻한다.

제16장 치허극(致虛極)

致虛極 守靜篤 萬物竝作 吾以觀其復.
치 허 극 수 정 독 만 물 병 작 오 이 관 기 복

夫物芸芸 各復歸其根 歸根曰靜 靜曰復命 復命曰常
부 물 운 운 각 복 귀 기 근 귀 근 왈 정 정 왈 복 명 복 명 왈 상

知常曰明 不知常 妄作凶.
지 상 왈 명 부 지 상 망 작 흉

知常容 容乃公 公乃王 王乃天 天乃道 道乃久 沒身不
지 상 용 용 내 공 공 내 왕 왕 내 천 천 내 도 도 내 구 몰 신 불

殆.
태

　마음 비우기를 극진히 이루고 고요함 지키기를 도타이 하면 만물이 다 투어 일어나되 나는 결국 그 근본으로 되돌아감을 볼 수 있다.

　무릇 만물은 번성하더라도 각각 그 근원으로 다시 돌아가므로 이를 고요해짐이라 하고, 고요해짐을 천명(天命)으로 돌아감이라 하고, 천명으로 돌아감을 영원함이라 하고, 영원함을 아는 것을 지혜가 밝다고 하는데 이 영원함을 알지 못하면 망령되이 행동하여 재앙을 당하게 된다.

　영원함을 알면 받아들이게 되고, 받아들이면 곧 공평무사(公平無私)하게 되고, 공평무사하면 곧 王이 될 수 있고, 王이 되면 곧 하늘과 같게 되니, 하늘은 곧 道와 같고 道는 곧 영원불변한 것으로 몸을 마치도록 위태함이 없게 된다.

【글자 뜻】 致:이를 치. 極:극진할 극. 篤:도타울 독. 竝:아울러 병. 作: 일어날 작. 지을 작. 復:돌아갈 복. 다시 부. 芸:성할 운. 妄:망령될 망. 容:받아들일 용. 얼굴 용. 沒:죽을 몰. 빠질 몰. 殆:위태할 태.

【말의 뜻】致虛極:마음 비우기를 극진히 함. 마음을 비워 욕심을 없앰.
守靜篤:고요함을 독실하게 지킴. 마음을 안정하여 흔들림이 없게 함.
竝作:다투어 일어남. 作은 興의 뜻. 觀其復:無로 돌아감을 봄. 芸芸:
초목이 무성한 모양. 만물이 번성함을 비유한 것임. 歸其根:초목이
시들어 뿌리로 돌아감. 만물이 그 근본인 無로 돌아감을 비유한 것임.
復命:천명, 즉 본성으로 돌아감. 常:영원불변함. 明:지혜가 밝음.
妄作凶:망령되이 행동하여 재앙을 받음. 容:순순히 받아들임. 公:공
평무사함. 公乃王:공평무사하면 王이 될 수 있음. 王乃天 天乃道:王
은 하늘과 같고 하늘은 道와 같음. 沒身不殆:평생토록 위태하지 않
음.

【뜻 풀이】이 장에서는 道의 본체는 虛無이고 고요한 것이므로 망상과 욕
심을 버려 마음을 텅 비게 하고 고요함을 지켜야 능히 道의 참모습을
깨달을 수 있으며 평생토록 몸을 욕되게 함이 없음을 강조하고 있다.
　사람의 마음에 욕심과 잡념이 일어나면 마치 파문이 인 수면과 같
아서 道의 본체인 虛無의 원리를 깨달을 수 없게 된다.
　莊子 天道篇에도 '마음이 비면 고요해진다.(心虛則靜)'고 하였으니
모든 욕심과 잡념을 깨끗이 몰아내어 텅 비게 하면 사람의 마음은 저
절로 고요해지게 마련이다.
　이와 같은 상태를 극단까지 몰고 가 오래도록 지녀 나간다면 인간
세상의 부귀와 공명은 물론이고 초목의 무성함과 동물의 번성함까지
도 결국 그 근본인 虛無로 다시 되돌아간다는 自然의 원리를 깨달을
수 있게 되는 것이다.
　봄과 여름이면 꽃과 잎으로 단장하여 아름답고 생명이 약동하던 초
목들도 가을과 겨울이 되면 시들어 虛無로 되돌아가고, 동서고금의

수많은 영웅호걸들과 난신적자(亂臣賊子)들의 허다한 연극도 막이 내리고 무대가 바뀌면 본래의 虛無로 되돌아가고 말지 않는가!

이와 같이 이 세상의 만물은 모두가 無에서 태어나 有가 되었다가 다시 본래의 無로 돌아가지만 虛無만은 영원토록 변함없이 존재하는 것이다.

무릇 이 세상 만물은 모두 한때는 번성하여 언제까지나 영화를 누릴 것 같지만 이윽고는 시들어 그 근본인 無의 세계로 되돌아가게 마련이다.

초목은 봄철이면 아름답게 꽃피고 여름철이면 잎이 무성하지만 늦가을이 되어 눈서리가 휘몰아치면 잎은 떨어져 뿌리로 돌아가고 앙상한 가지만이 겨울철 추위에 떨게 된다. 인생도 이와 마찬가지다. 청소년 시절에는 혈기가 왕성하여 야심과 욕망에 불타오르지만 몸이 늙어 기운이 쇠잔해지면 점차로 생기를 잃게 되고 욕심과 망상에서 벗어나 근본인 虛無의 세계로 복귀해 가는 것이다.

이와 같이 만물이 그 근본인 虛無로 돌아감을 고요해짐이라 말하고, 고요해짐을 본성으로의 복귀라고 말하거니와, 이 본성으로 복귀한 無의 세계야말로 만고불변의 진리인 것이다.

이런 진리를 깨달은 사람이라야 가히 밝은 지혜를 지녔다고 말할 수 있거니와 이 진리를 깨닫지 못한 사람은 망령되이 일을 만들어 스스로 재앙을 불러들일 뿐이다.

그래서 순자도 '道를 거역하여 망령되이 행동하면 하늘도 그를 길하게 만들어 주지 못한다.(荀子 天論篇)'고 하였다.

하지만 이 虛無의 道의 진리를 깨달은 사람은 마음이 너그러워 만물을 다 받아들이기 때문에 공평무사하다. 지극히 공평무사하면 이는 곧 王이요 天地요 道다. 道는 영구불변한 것이므로 이 道를 지니고 살아가는 사람은 평생 위험을 당하는 일이 없게 마련이다.

제25장에서 '道는 크고 하늘도 크고 땅도 크고 王 또한 크니, 천하에 네 가지 큰 것이 있다.'고 하였다.

제17장 태상(太上)

太上下知有之 其次親之譽之 其次畏之 其次侮之 故
태상하지유지 기차친지예지 기차외지 기차모지 고

信不足焉 有不信.
신부족언 유불신

猶兮其貴言 功成事遂 百姓皆曰我自然.
유혜기귀언 공성사수 백성개왈아자연

　가장 훌륭한 임금은 백성들이 그가 있음을 알 뿐이고, 그 다음가는 임금은 백성들이 그를 친근히 하고 칭송하며, 그 다음가는 임금은 백성들이 그를 두려워하고, 그 다음가는 임금은 백성들이 그를 업신여긴다. 그러므로 신의(信義)가 부족하면 백성들이 믿지 않게 된다.

　가장 훌륭한 임금은 머뭇거리며 말을 귀중히 여겨 공을 이루고 일을 완수할지라도 백성들은 모두, 나는 自然일 뿐이라고 말한다.

【글자 뜻】太:클 태.　次:다음 차.　譽:기릴 예.　畏:두려워할 외.　侮:업신여길 모.　猶:머뭇거릴 유. 오히려 유. 같을 유.　遂:이룰 수.

【말의 뜻】太上:최상. 최상의 정치.　下知有之:백성들이 임금이 있음을 알 뿐임. 위에 임금이 있다는 것을 알 뿐, 그가 무엇을 하는지조차 모름. 下는 백성.　親之譽之:임금을 따르고 칭찬함.　畏之:임금을 두려워함.　侮之:임금을 업신여김.　信不足焉 有不信:임금이 신의가 없으면 백성들의 신임을 얻지 못함.　猶兮:머뭇거리는 모양.　貴言:말을 귀중히 여겨 조심함.　功成事遂:공을 이루고 일을 완수함.

【뜻 풀이】이 장에서는 정치의 道가 날로 쇠퇴해 가는 것을 통탄하며 無

爲自然의 道로써 다스리는 이상적인 정치를 말한다.

노자는 여기에서 위정자를 네 등급으로 나누고 있다.

가장 훌륭한 정치는 마치 하늘과 땅이 만물을 말없이 그리고 인위적인 작용 없이 생겨나고 자라게 하듯이 無爲와 自然의 道에 따라 백성들을 다스리는 것이다. 제2장에서도 '성인은 無爲에 처하여 不言의 교화를 베푼다.'고 하였다.

그러므로 밑에 있는 백성들은 자기들 위에 나라를 다스리는 임금이 있다는 것만 알고 있을 뿐, 임금이 무엇을 하는지 모르고 고마움도 느끼지 못하는 것이다.

저 요(堯) 임금 시절에 백성들이 배를 두드리며 안락한 생활을 하면서도 임금의 고마움을 모르고, '해 뜨면 나가서 일하고 해지면 들어와서 쉬네. 우물 파서 물 마시고 밭을 갈아 내가 먹으니 임금의 힘이 어찌 나에게 미치랴!' 하고 격양가를 불렀다고 한다.

위대한 덕을 지닌 임금이 無爲自然으로 나라를 다스리면 백성들은 자신도 알지 못하는 사이에 그 덕화를 입게 되어 임금이 있다는 사실조차 깨닫지 못하게 되는 것이다.

또 요 임금의 뒤를 이은 순(舜) 임금도 이와 같은 無爲自然의 정치를 베풀었다고 한다. 공자는 論語 衛靈公篇에서 '나라를 無爲로 잘 다스린 분은 저 순임금이었도다! 대저 그분이 무엇을 했던가! 오직 몸을 공경히 하고 바르게 南面하고 앉아 있었을 뿐이었다.'고 순 임금의 無爲의 정치를 칭송하였다.

그러면 두 번째 등급의 위정자는 어떤 정치를 하였는가? 임금이 仁義의 왕도정치(王道政治)로 백성들을 자식처럼 사랑하고 예절을 가르치고 은혜를 베풀어, 백성들이 임금을 부모처럼 따르고 그의 높은 덕을 칭송하게 하는 것이다.

저 범람하는 황하 유역에 9년에 걸쳐 물길을 만들어 백성들을 잘살게 했다는 우왕(禹王), 폭군을 내치고 어진 정치를 베풀어 백성들을 도탄에서 구했다는 탕왕(湯王), 그리고 周나라의 文王과 武王 같은 이들이 이런 임금이라 하겠다.

그러면 세 번째 등급은 어떠한가? 백성들이 두려워하는 임금이니 이는 저 춘추시대(春秋時代)의 제후들처럼 무력으로 국토를 확장하고 형벌로 백성들을 다스리던 정치인 것이다.

그리고 최하급은 백성들이 원망하는 임금이니 무거운 세금과 지나친 인력 동원으로 백성들을 도탄에 빠지게 하면서 임금 자신은 호의호식하고 방탕한 생활을 하여 백성들이 원망하는 소리가 하늘을 찌르는 폭군의 정치이다.

또한 맹자가 말한 바와 같이 '이놈의 날은 언제나 망할까? 내 너와 함께 망했으면 좋겠구나!' 하고 임금을 미워하기에 이르는 정치라 하겠다.

인위적인 정치를 하여 임금의 신의가 부족하면 백성들의 신임을 얻지 못하는 법이다. 그래서 공자도 論語에서 '백성들의 신임을 얻지 못하면 나라가 서지 못한다.'고 말한 것이다.

그러므로 오직 無爲와 不言의 정치를 하는 위대한 성인만이 말을 보배로이 여겨 입 밖에 내지 않으면서도 無爲自然의 道에 따라 덕화를 베풀어 공을 이루고 일을 완수하여 백성들을 안락하게 살게 하지만 백성들은 임금의 공과 힘을 모르기 때문에 자연히 잘살게 된 것이라고 말한다.

제18장 대도폐(大道廢)

> 大道廢 有仁義 智慧出 有大僞 六親不和 有孝慈 國家
> 대 도 폐 유 인 의 지 혜 출 유 대 위 육 친 불 화 유 효 자 국 가
> 昏亂 有忠臣.
> 혼 란 유 충 신

　위대한 道가 무너지자 仁과 義가 생겨났고, 지혜가 나오자 큰 거짓이
생겨났고, 집안이 화목하지 못하자 효도와 사랑이 생겨났고, 나라가 혼
란하자 충신이 생겨났다.

【글자 뜻】廢:폐할 폐. 智:지혜 지. 慧:지혜 혜. 僞:거짓 위. 和:화목할
　　화. 화활 화. 慈:사랑할 자. 昏:어두울 혼. 亂:어지러울 란.

【말의 뜻】大道廢:無爲自然의 위대한 道가 쇠퇴함. 有仁義:仁과 義가 생
　　겨남. 大僞:큰 거짓. 六親不和:집이 화목하지 못함. 六親은 父子·兄
　　弟·夫婦. 孝慈:자식은 부모에게 효도하고 부모는 자식을 사랑함.
　　昏亂:道를 잃어 어지러움.

【뜻 풀이】이 장에서는 仁·義·孝·忠 등 유교에서 존중하는 덕목들은
　　모두 無爲自然의 道가 쇠퇴함에 따라 생겨난 인위적인 것임을 강조하
　　고 있다.
　　　앞 장에서 말한 바와 같이 아득한 옛날의 훌륭한 임금들은 無爲의
　　정치와 無言의 교화를 베풀었기 때문에 천하는 오직 自然 그대로여서
　　仁이니 義니 孝니 忠이니 하는 도덕의 명목조차 있을 수 없었다. 누가
　　일부러 시키지 않아도 모든 사람들은 자연히 仁한 마음을 지니고 義

로운 길을 걸어갔던 것이다.

그러다가 위정자들이 차츰 이 無爲自然의 大道에서 벗어난 정치를 하자 백성들의 마음도 차츰 자연 그대로의 순박함을 잃게 되어, 위정자들은 仁이니 義니 孝니 忠이니 하는 명목들을 만들어내고 백성들로 하여금 이를 준수하도록 강요하기에 이르렀다.

이처럼 백성을 다스리기 위하여 인위적으로 지혜를 짜내고, 이른바 지혜 있는 賢人이라는 사람들을 존중하게 되자 위정자들은 권모(權謀)와 술수(術數)로 백성들을 다스리게 되고, 또 백성들은 허위와 형식에 얽매인 거짓된 생활을 영위하게 되어 얕은 꾀로 사람들의 눈을 속이는 지혜만이 발달하게 되었다.

이에 백성들 사이에는 상호불신(相互不信) 풍조가 싹트게 되었고 심지어는 부모와 자식, 형제와 부부 사이에서조차 自然의 道를 잃게 되었다. 그래서 위정자들은 부모는 자식을 사랑하고 자식은 부모를 효도로 섬겨야 하며, 백성들은 임금에게 충성해야 하며, 형제간에는 우애가 있어야 하고 아랫사람은 어른을 공경해야 하며, 벗은 믿음으로 사귀어야 한다고 떠들어대는 것이다.

새와 짐승도 어미는 새끼를 사랑하고 새끼는 어미를 따를 줄 알거늘 하물며 만물의 영장으로 자처하는 인간 사회에서 이것이 도대체 있을 수 있는 일인가?

또 태고 시절처럼 백성들이 위정자의 존재조차도 의식하지 못하면서 안락하게 생활하는 사회에서야 어찌 백성들로 하여금 나라에 충성하는 것이 백성의 도리라는 명목이 성립될 수나 있겠는가!

부모가 악해야 효자가 생겨나고 나라가 어지러워야 충신이 생겨나기 마련인데 이는 모두가 無爲自然의 大道가 쇠퇴함으로 말미암아 일어나는 현상에 지나지 않는 것이다.

이리하여 제38장에서도 '道를 잃은 뒤에 德이 생겨나고, 德을 잃은 뒤에 仁이 생겨나고, 仁을 잃은 뒤에 義가 생겨나고, 義를 잃은 뒤에 禮가 생겨나는 것이다.' 라고 하였다.

제19장 절성기지(絶聖棄智)

絶聖棄智 民利百倍 絶仁棄義 民復孝慈 絶巧棄利 盜
절 성 기 지 민 리 백 배 절 인 기 의 민 복 효 자 절 교 기 리 도
賊無有.
적 무 유
此三者 以爲文不足 故令有所屬 見素抱樸 少私寡欲.
차 삼 자 이 위 문 부 족 고 령 유 소 속 현 소 포 박 소 사 과 욕

현성(賢聖)함을 끊고 지혜를 버리면 백성들의 이익이 백 배나 더하고, 仁을 끊고 義를 버리면 백성들이 효도와 사랑으로 돌아가고, 잔재주를 끊고 이욕(利慾)을 버리면 도둑이 없어질 것이다.

이 세 가지는 꾸밈으로 삼기에 부족한지라 근본에 붙이는 바가 있어야 하거니와, 바탕을 나타내고 소박함을 지니어 私心을 적게 하고 욕심을 없애야 한다.

【글자 뜻】絶:끊을 절. 棄:버릴 기. 倍:갑절 배. 復:돌아갈 복. 다시 부. 巧:재주 교. 賊:도둑 적. 文:꾸밀 문. 글월 문. 屬:붙일 속. 見:나타 낼 현. 볼 견. 素:바탕 소. 抱:안을 포. 樸:순박할 박. 寡:적을 과. 欲:욕심 욕. 하고자 할 욕.

【말의 뜻】絶聖棄智:현성(賢聖)함을 끊고 지혜를 버림. 民復孝慈:백성들 이 효도와 사랑으로 되돌아감. 絶巧棄利:잔재주를 끊고 야욕을 버림. 爲文不足:꾸밈이 되기에 부족함. 令有所屬:소속이 있게 함. 근본적인 것에 붙여야 함. 見素抱樸:밖으로 꾸밈없는 본성을 나타내고 안으로 꾸밈없는 순박함을 지님. 少私寡欲:私心을 없애고 욕심을 없앰.

【뜻 풀이】이 장에서는 聖智·仁義·巧利의 세 가지 인위적인 것을 물리치는 것이 정치의 大道요, 소박함과 사심 없고 욕심 없음이 그 근본임을 말한다.

無爲自然의 大道가 행해지던 옛날에는 백성들도 自然 그대로의 순박함을 지니고 있어 천하는 저절로 다스려졌다. 그러나 문화가 발달함에 따라 차츰 현명함과 지혜가 등장하면서 인위적으로 仁義의 제도를 만들어내어 백성들의 행동을 구속하고, 여러 가지 문명의 이기(利器)를 만들어내어 백성들의 마음에 부귀와 공명에 대한 욕심을 싹트게 하여 사람들은 순박함을 잃게 되고 세상은 타락하여 어지럽게 되었다.

그러므로 만일 위정자가 현명함이나 지혜 따위의 잔꾀를 버리고 自然 그대로의 정치를 실현한다면 백성들은 태고 때의 순박함을 되찾게 되어 길에 값진 물건이 떨어져 있어도 이를 줍지 않고, 번거로운 제도의 속박에서 벗어나 해가 뜨면 들에 나가 일하고 해가 지면 집에 돌아와 쉬는 안락한 생활을 영위하게 되어 백성들의 이익은 백 배로 늘어날 것이다.

또 남을 내 몸처럼 사랑하고 남의 부모를 내 부모처럼 섬겨야 한다는 등의 이론을 주장하는 仁이나, 임금을 위해서는 목숨까지 바쳐 사람의 도리를 지켜야 한다는 義나, 일상생활의 온갖 행동까지 구속하는 禮 등의 인위적이고 형식적인 제도로 말미암아, 위정자가 仁을 가장하여 이웃 나라를 침략하고 신하가 義를 꾸며 탐관오리 노릇을 할 뿐 아니라 부자지간이나 형제지간이 원수가 될 만큼 인간의 본성이 타락되어 갔다.

그러므로 만일 위정자가 仁義라는 인위적인 제도를 폐지하고 태고 시절의 순박한 풍속을 재현시킨다면 사람들은 진심에서 우러나 자식은 부모를 효도로 성심껏 섬기고 부모는 자식을 알뜰히 사랑하게 될 것이다.

또 문명의 여러 가지 이기(利器)는 사람들의 생활에 많은 편리를 가져오기는 했지만 그 반면 순박하던 사람의 마음에 사치와 낭비의 씨앗을 뿌렸으며 물욕에 불을 질러 온갖 부정부패와 절도와 사기를 저지르게 하는 원동력이 되었다.

그러므로 만일 위정자가 이와 같은 문명의 이기를 물리치고 옛날처럼 풍속이 순박한 사회를 이룩한다면 상을 주어 가며 도둑질을 장려할지라도 도둑이 생겨나지 않을 것이다.

이상 말한 세 가지가 無爲自然의 정치를 실현하는 요건이지만 이와 같은 형식적인 것만으로는 이룩되지 않으며 이 세 가지를 실현하기에는 아직도 근본적인 문제가 남아 있다.

그 근본적인 문제란 바로 위정자의 소박하고 욕심 없는 자세다. 즉 겉으로는 조금도 꾸밈이 없는 본성 그대로를 나타내고 안으로는 가공함이 없는 타고난 순박함 그대로를 지니어 天地나 自然과 같이 오직 공평무사하고 조그만 공명심이나 욕심도 지니지 않아야 하는 것이다.

제3장에서도 '현명함을 숭상하지 않으면 백성들로 하여금 다투지 않게 할 수 있다.'고 하였다.

제20장 절학무우(絕學無憂)

絕學無憂 唯之與阿 相去幾何 善之與惡 相去何若.
절학무우 유지여아 상거기하 선지여악 상거하약

人之所畏 不可不畏 荒兮其未央哉.
인지소외 불가불외 황혜기미앙재

聚人熙熙 如享太牢 如春登臺 我獨泊兮其未兆 如嬰
취인희희 여향태뢰 여춘등대 아독박혜기미조 여영

兒之未孩 乘乘兮若無所歸 衆人皆有餘 而我獨若遺.
아지미해 승승혜약무소귀 중인개유여 이아독약유

我愚人之心也哉 沌沌兮 俗人昭昭 我獨若昏 俗人察
아우인지심야재 돈돈혜 속인소소 아독약혼 속인찰

察 我獨悶悶 澹兮其若海 飂兮似無所止.
찰 아독민민 담혜기약해 료혜사무소지

衆人皆有以 而我獨頑且鄙 我獨異於人 而貴求食於
중인개유이 이아독완차비 아독이어인 이귀구식어

母.
모

학문을 끊으면 근심이 사라진다. '예' 하는 대답과 '응' 하는 대답의 차이가 얼마나 되며 善과 惡의 차이가 얼마나 된단 말인가?

남들이 두려워하는 바는 나도 두려워하지 않을 수 없으니, 넓고 멀어서 그것을 다 깨달을 수 없도다.

사람들은 모두 히히덕거리며 큰 잔칫상을 받은 것 같고 따뜻한 봄날에 누대(樓臺)에 오른 것 같건만, 나만 홀로 고요히 움직일 기색도 없이 웃을 줄 모르는 어린아이 같고 어릿어릿 돌아갈 곳 없는 사람 같구나. 사람들은 모두 여유가 있는데 나만 홀로 잃어버린 것 같도다.

나는 과연 어리석은 마음을 지닌 것일까? 아무것도 모르는 것 같구나. 세상 사람들은 다 밝고 밝은데 나만 홀로 어두운 것 같고, 세상 사람들은 다 총명하고 총명한데 나만 홀로 바보 같다. 안정됨이 저 바다와 같고 머무를 데를 모르는 것이 바람 같구나.

　사람들은 다 하는 일이 있건만 나만 홀로 완고하고 비천한 것 같다. 나만 홀로 사람들과 달리 어머니에게 길러짐을 소중히 여기고 있구나.

【글자 뜻】絕:끊을 절.　憂:근심 우.　唯:대답할 유.　阿:대답할 아.　去:지날 거. 갈 거.　幾:몇 기.　何:어찌 하.　畏:두려워할 외.　荒:멀 황. 거칠 황.　央:다할 앙. 가운데 앙.　熙:즐거울 희. 밝을 희.　享:누릴 향.　牢:짐승 뢰. 감옥 뢰.　臺:누대 대.　泊:머무를 박. 배 댈 박.　兆:징조 조.　孩:웃을 해. 아이 해.　乘:쫓을 승. 탈 승.　遺:잃어버릴 유. 끼칠 유.　沌:막힐 돈.　俗:세속 속.　昭:밝을 소.　昏:어두울 혼.　察:밝을 찰. 살필 찰.　悶:어두울 민.　澹:고요할 담. 담박할 담.　飂:높이 부는 바람 료.　頑:완고할 완.　鄙:질박할 비.　食:먹일 사.

【말의 뜻】絕學無憂:학문을 끊으면 근심이 없어짐.　唯之與阿:‘예.’ 하는 대답과 ‘응.’ 하는 대답. 唯는 공손하게 ‘예.’ 하고 대답하는 소리이고 阿는 거칠게 큰 소리로 ‘응.’, ‘어.’ 하고 대답하는 소리.　相去幾何:서로의 차이가 얼마나 되는가?　善之與惡:선과 악.　何若:얼마나 되는가?　人之所畏:사람들이 두려워하는 것.　不可不畏:두려워하지 않을 수 없음.　荒兮:넓고 먼 모양.　未央:다하지 못함. 央은 盡의 뜻.　熙熙:기뻐하고 즐거워하는 모양.　享太牢:큰 잔칫상을 받음. 소·양·돼지고기를 갖춘 상을 太牢라 하고 양과 돼지고기만을 갖춘 상을 小牢라 함.　登臺:누각에 올라가 놂.　泊兮:고요한 모양.　未兆:움직일 징조가 없음.　未孩:아직 방글방글 웃을 줄 모름.　乘乘兮:방황하는 모양.　無所歸:돌아갈 곳이 없음.　有餘:여유가 있음.　若遺:잃어버린 것 같음.　沌沌兮:앎이 없는 모양.　昭昭:사물의 이치에 밝은 모양.　若

昏:혼미한 것 같음. 察察:총명한 모양. 悶悶:어리석고 어두운 모양. 澹兮:안정된 모양. 고요한 모양. 깊은 모양. 飂兮:바람이 스쳐 가는 모양. 無所止:머물 데가 없음. 有以:할 일이 있음. 以는 用의 뜻. 頑且鄙:완고하고도 질박함. 道를 완고하게 지키고 순박함을 지녔다는 뜻. 求食於母:어머니에게 먹여짐을 구함. 母는 道를 가리킴.

【뜻 풀이】 이 장에서는 세속적인 학문을 버리고 無爲自然의 道에 따라 살아가는 것이 얼핏 보기에는 어리석은 사람 같지만 진정 道로 돌아가는 길임을 말한다.

세상 사람들은 누구나 학문을 숭상하여 지혜를 연마하기에 힘쓰거니와 이로 말미암아 세상은 날로 화려해지고 사치해져서 사리사욕을 자극하고 모두 그 욕망을 채우려 하다 근심에 묻혀 살게 될 뿐이다.

그러므로 학문을 끊고 지혜를 버려 근심을 없애는 일이야말로 사람들로 하여금 잃었던 본성을 되찾아 自然의 大道로 돌아가게 하는 길인 것이다. 더구나 학문과 지혜의 발달로 말미암아 인위적인 예절을 숭상하게 되어 삼천삼백 조항이나 되는 번거로운 예법을 제정하여 사람들의 몸과 마음의 자유를 속박하기에 이르렀다.

도대체 '예.' 하는 대답과 '응.' 하는 대답 사이에 얼마나 큰 차이가 있는 것이며 예법에서 규정하고 있는 善과 惡 사이의 거리가 얼마나 있단 말인가? 형식적으로 대답하는 '예.'보다는 마음에서 우러나온 애정이 담긴 '응.'이 얼마나 더 자연스러우며, 모르고 저지르는 잘못보다는 간사한 지혜로 善한 체 꾸민 惡이 얼마나 더 큰 惡인가!

예절이란 사람들의 마음에서 저절로 우러나오는 것으로 부모는 자식들을 사랑하고 자식들은 부모를 위하게 마련이므로 사람들이 두려워하고 삼가는 일들은 누구나 저절로 두려워하고 삼가지 않을 수 없는 법이니 이 自然의 道란 한없이 깊고 넓어서 인위적인 법도의 제정으로는 도저히 그 진리를 살려 나갈 수 없는 것이다.

그러므로 제2장에서도 '세상 사람들이 아름답다고 알고 있는 아름다움이란 추함일 뿐이요, 善이라고 알고 있는 善이란 惡일 뿐이다.' 하고 말한 것이다.

세상 사람들은 부귀와 공명을 참다운 인생으로 알고 히히덕거리고 좋아하여 마치 산해진미의 잔칫상을 받거나 화창한 봄날에 경치가 아름다운 누각에 올라 놀이할 때처럼 기뻐 날뛰지만, 나는 홀로 고요히 안정하여 움직이지 않아 마치 아직 웃음조차 모르는 천진난만한 어린 아이처럼 무표정한 채로 그 고요함을 지키고 있으며, 돌아갈 곳 없는 나그네처럼 방황하고 있을 뿐이다.

또 세상 사람들은 모두 아는 체하며 지식과 지혜가 있는 듯이 뽐내지만 나는 홀로 모든 것을 잃고 살아갈 뿐이다. 나만 홀로 어리석은 마음을 지니고 있는 것일까? 아무것도 모르는 바보처럼 살아갈 뿐이다!

세상의 저속한 사람들은 모두 밝은 지혜를 지닌 체하는데 나만 홀로 어둡고 어리석게 살아간다. 세상의 저속한 사람들은 모두 인생살이에 밝은 체하는데 나만 홀로 아무것도 모르는 듯이 살아간다. 나는 오직 깊고 깊은 바다처럼 고요함을 지니며 머물 곳을 모르는 바람처럼 방황하고 있는 것이다.

이와 같이 세상 모든 사람들은 다 인위적인 일들을 하기에 바쁜데 나만 홀로 無爲自然의 道를 굳게 지키어 조금도 움직이려 하지 않고 조금의 꾸밈도 없이 타고난 본성 그대로의 순박함으로, 부귀공명의 욕심을 먹고 사는 세상 사람들과는 달리 어머니인 虛無와 自然의 젖꼭지를 빨며 살아가는 것을 소중히 지켜 나간다.

노자가 여기에서 말하는 어머니란 곧 天地와 自然과 虛無를 가리키는 것이다. 그러므로 '어머니에게 길러지는 것을 귀중하게 여긴다.'는 말은 곧 無爲自然의 道에 따라 살아간다는 뜻이다. 결국 여기에서는 노자의 道가 인위적인 모든 것을 배격하고 無爲로써 虛無와 自然으로 돌아가는 데 있음을 강조하고 있는 것이라 하겠다.

제42장에도 '道는 하나를 낳고, 하나는 둘을 낳고, 셋은 만물을 낳았다.'고 하였다.

제21장 공덕지용(孔德之容)

孔德之容 唯道是從 道之物物 惟恍惟惚 惚兮恍兮 其
공 덕 지 용 유 도 시 종 도 지 물 물 유 황 유 홀 홀 혜 황 혜 기

中有象 恍兮冥兮 其中有物.
중 유 상 황 혜 명 혜 기 중 유 물

窈兮冥兮 其中有精 其精甚眞 其中有信.
요 혜 명 혜 기 중 유 정 기 정 심 진 기 중 유 신

自古及今 其名不去 以閱衆甫 吾何以知衆甫之然哉
자 고 급 금 기 명 불 거 이 열 중 보 오 하 이 지 중 보 지 연 재

以此.
이 차

    위대한 덕의 모습은 오직 道에 따를 뿐이지만 道 그 자체는 오직 있으면서도 없는 것 같고 없으면서도 있는 것 같다. 없으면서도 있는 것 같지만 그 가운데 형상이 있고, 있으면서도 없는 것 같지만 그 가운데 사물이 있는 것이다.

    그윽하고 어두운 가운데 정신이 있으며, 그 정신은 지극히 참되어 그 가운데 성실함이 있다.

    태고부터 지금까지 그 이름 사라지지 않아 만물의 근본을 다스리고 있으니 만물의 존재함을 내 무엇으로써 알겠는가? 이로써 아는 것이다.

【글자 뜻】 孔:성할 공. 구멍 공. 容:모습 용. 얼굴 용. 從:좇을 종. 象:형상 상. 코끼리 상. 窈:깊고 멀 요. 冥:어두울 명. 精:정신 정. 閱:살필 열. 甫:처음 보.

【말의 뜻】 孔德之容:위대한 덕의 모습. 孔德은 깊은 덕이라는 뜻. 道是從:道는 그것을 따름. 爲物:물건의 됨됨이. 恍:있으면서도 없는 것

같음. 惚:없으면서도 있는 것 같음. 恍惚은 그 모습이 분명치 않아 분간할 수 없는 상태임. 有象:형상이 있음. 有物:사물이 있음. 窈兮:깊고 그윽한 모양. 冥兮:어두컴컴한 모양. 有精:정신이 있음. 甚眞:몹시 참다움. 有信:신의가 있음. 自古及今:예로부터 지금까지. 其名不去:道의 이름이 사라지지 않음. 名은 無名. 즉 만물의 어머니. 閱衆甫:만물의 시작을 다스림. 何以知:무엇으로써 아는가? 以此:이로써 앎.

【뜻 풀이】이 장에서는 道의 본체가 無임을 형용하여 말하고 아울러 道의 작용이 위대하여 능히 만물을 다스림을 설명한다.

위대한 덕을 지닌 사람의 모습은 無爲自然의 道와 일치한다. 그러면 道의 참모습은 어떠한가? 道의 생김새는 황홀(恍惚) 바로 그것이다. 있으면서도 형상으로는 없고 모습은 볼 수 없지만 실제로는 있어 무엇이라고 표현할 길이 없는 존재인 것이다.

그러므로 제14장에서도 道를 표현하여 '보려 해도 보이지 않고, 들으려 해도 들리지 않고, 잡으려 해도 잡히지 않는다.'고 한 것이다. 그러나 볼 수도 없고 들을 수도 없고 잡을 수도 없는 無에서 형상이 나타나고 만물이 생겨나는 것이니 이는 곧 道가 그윽하고 어두운 가운데 신령한 기운이 있기 때문인 것이다.

이 虛無自然의 신령한 기운이 작용하여 일월성신(日月星辰)과 풍우상설(風雨霜雪), 금수어충(禽獸魚蟲)과 천자만홍(千紫萬紅)이 생겨난다.

또 신령한 道의 기운이 작용하여 만물에게 각각 본성을 부여하니 잎은 푸르고 꽃은 붉게, 학의 다리는 길고 오리의 다리는 짧게, 꿀은 달고 소금은 짜고 초는 시고 고추는 맵게, 사나운 짐승은 뿔이 없고 약한 짐승은 뿔이나 빠른 다리를 갖게 된 것이다. 이와 같은 道의 오묘한 작용에는 실로 놀라지 않을 수 없다.

　虛無自然의 道는 이처럼 인위적인 꾸밈이나 거짓이 전혀 없고 오직 진실 그대로이기 때문에 그 작용으로 밤이 지나면 낮이 되고, 봄이 지나면 여름이, 여름이 지나면 가을이, 가을이 지나면 겨울이, 겨울이 지나면 다시 봄이 오게 하는 영구불변의 신의가 있는 것이다.

　이와 같이 虛無自然의 道는 만물을 만들어내고도 능력을 자랑하는 일이 없고, 공을 이루고도 그 지위에 머무르려 하지 않기 때문에 아득한 태고부터 오늘날까지 잠시도 자리에서 쫓겨나는 일 없이 우주만상을 다스려 나간다. 오늘도 변함없이 만물은 나고 자라는데 무엇으로 이와 같이 되는가? 그것은 곧 虛無自然의 위대한 작용 때문인 것이다.

　莊子 天地篇에도 '깊고 또 깊어서 능히 만물이 있고, 신령하고 또 신령하여 능히 정신이 있다.'고 하였다.

　또 淮南子 道應訓에도 '만물은 모두 한 구멍에서 시작되고, 사물의 근원은 모두 한 道의 문에서 나왔다.'고 하였다.

제22장 곡즉전(曲則全)

曲則全 枉則直 窪則盈 敝則新 少則得 多則惑 是以聖
곡 즉 전 왕 즉 직 와 즉 영 폐 즉 신 소 즉 득 다 즉 혹 시 이 성

人 抱一爲天下式.
인 포 일 위 천 하 식

不自見故明 不自是故彰 不自伐故有功 不自矜故長
부 자 현 고 명 부 자 시 고 창 부 자 벌 고 유 공 부 자 긍 고 장

夫惟不爭 故天下莫能與之爭.
부 유 부 쟁 고 천 하 막 능 여 지 쟁

古之所謂曲則全者 豈虛言哉 誠全而歸之.
고 지 소 위 곡 즉 전 자 기 허 언 재 성 전 이 귀 지

굽은 나무가 수명을 다 살고 자벌레는 몸을 굽혔다가 펴며, 물은 파인 곳에 고이고 옷은 해져야 새것을 입으며, 욕심이 적으면 만족을 얻고 아는 것이 많으면 미혹(迷惑)에 빠진다. 이런 까닭으로 성인은 한결같이 道를 지녀 천하의 법도가 된다.

스스로 나타내지 않기에 지혜가 밝아지고, 스스로 옳다고 하지 않기에 드러나게 되고, 스스로 뽐내지 않기에 공이 있게 되고, 스스로 자랑하지 않기에 오래 있게 된다. 무릇 다투지 않는 것만으로 천하에 능히 그와 다툴 사람이 없다.

옛사람들의 이른바 '굽은 나무가 수명을 다 산다.'고 하는 말이 어찌 헛된 말이겠는가? 진실로 온전히 하였다가 道에 돌려줘야 하는 것이다.

【글자 뜻】 曲:굽을 곡. 全:온전할 전. 枉:굽힐 왕. 窪:웅덩이 와. 敝:해질 폐. 惑:미혹할 혹. 式:법 식. 見:나타낼 현. 볼 견. 是:옳을 시. 이 시. 彰:드러낼 창. 伐:자랑할 벌. 칠 벌. 矜:자랑할 긍. 豈:어찌

기. 虛:헛될 허. 빌 허. 哉:어조사 재. 誠:진실로 성. 정성 성.

【말의 뜻】曲則全:굽은 나무가 수명을 다 누림. 枉則直:구부려야 곧게
펴. 자벌레는 몸을 굽혔다가 폄. 窪則盈:물은 땅이 파인 곳에 가득 고
임. 敝則新:해지면 새것이 됨. 옷은 해져야 새옷을 입게 되고, 잎이
떨어지면 새순이 돋아남. 少則得:욕심이 적으면 만족을 얻음. 多則
惑:아는 것이 많으면 도리어 미혹에 빠짐. 抱一:道를 한결같이 지님.
天下式:천하의 모범. 不自見:자기를 나타내려 하지 않음. 明:지혜에
밝음. 自是:자신을 옳다고 말함. 彰:드러나게 됨. 自伐:스스로 뽐
냄. 自矜:자신을 자랑함. 莫能與之爭:능히 그와 더불어 다툴 사람이
없음. 豈虛言哉:어찌 거짓말이겠는가! 全而歸之:온전히 지녔다가 돌
려줌. 본성을 잘 보전하였다가 自然에게 돌려줌.

【뜻 풀이】이 장에서는 無爲自然의 道를 체득한 사람이 스스로를 낮추어
겸허하게 살아가는 생활 태도를 말하고 있다.

曲則全 — 굽은 나무가 몸을 보전한다. 여기에서 든 여섯 가지 예는
전해 오는 말을 인용한 것이다. 곧게 자란 나무는 미처 다 자라기도
전에 좋은 재목이라고 베어 간다. 그러나 구불구불하게 못생긴 나무
는 그런 염려 없이 제 수명을 다 누릴 수 있는 것이다. 그러므로 이 自
然의 道를 아는 사람은 스스로 못난 체하며 아무리 어지러운 세상이
라도 능히 자기 몸을 보전하는 것이다.

부귀와 공명을 탐내어 자기의 지혜를 나타내려고 애쓰는 사람은 비
록 한때 그 뜻을 이룰지 모르지만 이윽고 많은 사람들의 시기와 원망
의 대상이 되어 곧은 나무가 도끼나 톱으로 잘리듯이 잘리게 마련이
다. 莊子 天下篇에도 '세상 사람들이 다 복을 구하여도 나는 홀로 몸
을 굽혀 보전하려 한다.' 는 말이 있다.

枉則直 — 자벌레는 구부려야 몸을 펼 수 있다. 스스로 낮추어 겸손하면 사람들이 우러러보아 저절로 높아지게 되지만 스스로 높여 오만불손하면 사람들의 멸시를 받아 절로 낮아지게 될 뿐이다.

중국의 한신(韓信)은 모욕을 참고 불량배에게 몸을 굽혔기 때문에 후일 한고조(漢高祖)의 장군이 되어 천하에 뜻을 펼 수 있었고, 장량(張良)은 황석공(黃石公)이라는 늙은이의 무례함에 허리를 굽혀 세 번씩이나 다리 아래로 떨어뜨린 신발을 가져다주었기 때문에 후일 한고조의 신하가 되어 천하에 뜻을 펼 수 있었던 것이다.

無爲自然의 道를 체득한 사람은 항상 스스로를 낮추고 지혜를 감추어 어리석은 사람 같지만 오히려 道를 얻어 스스로의 인격을 완성하고 사람들의 추대를 받아 저절로 높아지게 마련이다.

窪則盈 — 낮은 곳에 물이 고인다. 사람은 스스로를 낮추어야 덕이 고이고 사람들의 마음도 모여들게 되는 것이다. 제66장에서도 '강과 바다가 모든 골짜기의 王이 될 수 있는 까닭은 그들 아래에 처하기 때문이다.'라고 하였다.

敝則新 — 옷은 해져야 새것을 입는다. 낡은 것은 언제나 새것을 오게 한다. 가을철에 낙엽이 지기도 전에 이미 새봄에 돋아날 새싹이 마련되어 있다. 無爲自然의 道는 비록 아득한 태고부터 내려온 낡은 것이지만 꾸준히 지니고 있으면 자연히 날로 새로운 덕이 쌓여 간다.

少則得 — 욕심이 적으면 만족을 얻고 욕심이 많으면 만족을 잃는다. 세상 사람들은 부귀와 공명에 대한 욕심 때문에 오히려 부귀와 공명도 잃고 가장 소중한 마음과 몸마저 잃게 된다. 그러나 無爲自然의 道를 체득한 사람은 사리사욕에 대한 욕심이 없기 때문에 오히려 마음과 몸을 보전하고 덕을 쌓아 사람들의 추대로 부귀공명까지 얻게 된다.

多則惑 — 지혜가 많으면 미혹에 빠진다. 물론 여기에서 말하는 지혜란 인위적으로 꾸며낸 지혜를 가리킨 것이다. 제20장에서도 '학문을 끊으면 근심이 없어진다.'고 말했듯이 지혜가 많으면 인위적인 잔꾀를 부리고 욕심이 생겨 마음과 몸을 고달프게 할 뿐 아니라 귀중한 본성까지 잃고 몸도 망치게 된다.

제48장에서도 '학문을 배우면 날로 욕심이 늘어나고, 道를 닦으면 날로 욕심이 줄어들거니와, 줄이고 또 줄이면 無爲에 이르게 되고 無爲에 이르러야 하지 못함이 없게 된다.'고 하였다.

그러므로 위에서 말한 無爲自然의 진리를 체득한 사람은 한결같이 道를 지니기 때문에 천하의 법도가 될 수 있다. 이와 같은 사람은 자신을 나타내려 하지 않기에 도리어 뚜렷이 나타나게 되고, 스스로를 옳다고 고집하지 않기에 도리어 그 덕이 빛나게 되며, 스스로 공로를 뽐내지 않기에 공로가 더 뚜렷해지고, 스스로 자랑하여 그 자리에 머무르려 하지 않기에 그의 지위는 오래 가며, 욕심을 내어 다투려 하지 않기에 세상에 그와 다투려는 적이 없게 된다.

그러니 앞에서 말한 '구부러진 나무가 몸을 보전한다.'는 옛말은 과연 헛된 말이 아님을 알 수 있다. 이 진리를 새삼스레 깨닫게 되거니와, 성심성의껏 無爲自然의 道를 지켜 몸과 마음과 덕을 온전하게 보전하다가 몸이 돌아갈 때 虛無와 自然에게 온전히 돌려주어야 하는 것이다.

제2장에서도 '만물이 일어나되 사양치 않고, 생겨나되 가지지 않고, 만들어내되 뽐내지 않고, 공을 이루되 머물지 않는다. 무릇 오직 머무르려 하지 않는지라 떠나는 일도 없다.'고 하였다.

제23장 희언자연(希言自然)

希言自然 故飄風不終朝 驟雨不終日 孰爲此者 天地
희언자연 고표풍부종조 취우부종일 숙위차자 천지
天地尙不能久 而況於人乎.
천지상불능구 이황어인호
故從事於道者 道者同於道 德者同於德 失者同於失.
고종사어도자 도자동어도 덕자동어덕 실자동어실
同於道者 道亦樂得之 同於德者 德亦樂得之 同於失
동어도자 도역락득지 동어덕자 덕역락득지 동어실
者 失亦樂得之 信不足 有不信焉.
자 실역락득지 신부족 유불신언

말이 없음은 自然이니 회오리바람은 아침 내내 불지 못하고 소나기는
하루 종일 내리지 못하거니와 누가 이 비바람을 일으키는가? 그것은 하
늘과 땅이다. 하늘과 땅도 오래 계속하지 못하거늘 하물며 사람에게 있어
서랴!

그러므로 道에 따라 일을 하는 사람은 道를 지닌 사람과는 道로 어울리
고, 德이 있는 사람과는 德으로 어울리고, 道와 德을 잃은 사람과는 道와
德을 잃은 것으로 어울린다.

道를 지닌 사람과 어울리면 道가 또한 이를 얻어 즐거워하고, 德을 지
닌 사람과 어울리면 德이 또한 이를 얻어 즐거워하며, 道와 德을 잃은 사
람과 어울리면 道와 德을 잃은 것이 또한 이를 얻어 즐거워해도 신의가
부족하면 신임을 얻지 못하게 된다.

【글자 뜻】希:드물 희. 바랄 희. 飄:회오리바람 표. 驟:소나기 취. 孰:누
구 숙. 尙:오히려 상. 況:하물며 황. 同:어울릴 동. 한가지 동. 失:

잃을 실. 樂:즐거울 락.

【말의 뜻】希言:말이 없음. 飄風:회오리바람. 不終朝:아침 내내 불지 못
함. 驟雨:소나기. 폭우. 孰爲此者:이 비바람을 불어오게 하는 것은
누구인가? 尙不能久:오히려 능히 오래 하지 못함. 況於人乎:하물며
사람에게 있어서랴! 從事於道:道에 따라 일을 함. 道者同於道:道를
지닌 사람과는 道로 함께 어울림. 失者:道와 德을 잃은 사람. 道亦樂
得之:道 또한 道를 얻어 즐거워함. 失亦樂得之:道와 德을 잃은 사람
역시 그 잃은 것을 얻어 즐거워함. 信不足:신의가 부족함. 有不信焉:
신임을 얻지 못하는 바가 있음.

【뜻 풀이】이 장에서는 모든 사물에 無爲自然의 道가 있으며 이 無爲自然
의 道에 맞지 않으면 능히 오래 계속될 수 없음을 말한다.

　　제14장에서는 '들으려 해도 들리지 않는 것을 希라 한다.'고 하였
고, 제2장에서는 '無爲에 처하여 말없는 교화를 베푼다.'고 하였다.
하늘과 땅은 말이 없건만 밤낮과 계절을 바뀌게 하고, 만물이 나고 자
라게 한다. 오직 고요하고 고요하여 소리 하나 없는 것이 自然의 본래
모습이다.

　　그러므로 갑자기 일어나는 회오리바람이나 별안간 쏟아지는 소나기
같은 것은 본래 自然의 모습이 아니다. 따라서 회오리바람은 아침 내
내 계속 불지 못하고, 소나기는 하루도 계속 내리지 못하고 멎어 본래
自然의 모습대로 돌아가 다시 고요해진다.

　　하늘과 땅도 自然의 원리를 깨뜨리는 시끄러운 소리를 오래 지탱하
지 못하거늘, 하물며 사람이 말을 많이 하여 교화를 베풀려 한들 어찌
그것이 오래 유지될 수 있겠는가!

　　공자도 論語에서 '하늘이 무엇을 말씀하시더냐? 네 계절을 운행시

키고 만물을 자라나게 하지만 하늘이 무엇을 말씀하시더냐?'고 하였다.

제4장에서 '和其光 同其塵'이라 하였듯이 無爲自然의 道를 체득한 사람은 '밝은 덕과 지혜를 감추고 티끌 세상에 어울려 지내기' 때문에 천하의 모든 사람을 용납하여 그들과 함께 동화할 수 있는 것이다.

道를 지닌 사람을 만나면 道로 어울리고, 德을 지닌 사람을 만나면 德으로 어울리며, 또 道와 德을 다 지니지 못한 사람을 만나면 역시 道와 德을 지니지 못한 것으로 어울려 간격이 없으므로, 누구와 어울려도 조금도 어색함과 인위적인 꾸밈이 없어 自然 그대로 알지 못하는 사이에 상대방과 동화하고 교화하여 自然의 道에 이르는 것이다.

그러므로 無爲自然의 道를 지닌 사람은 같은 道를 체득한 사람을 만나게 되니 기뻐하고, 道를 실천하려는 德을 지닌 사람 역시 같은 德을 지닌 사람을 만나니 기뻐 어울리며, 또 道와 德을 아울러 지니지 못한 사람은 道와 德을 지니지 못한 사람과 함께 어울리게 됨을 기뻐하니, 모든 사람들이 함께 어울리게 된 것을 기뻐하게 마련이다.

제5장에서도 '말이 많으면 자주 막힌다.'고 했지만 말로써 상대방을 교화시키려 한다면 여기에는 반드시 신의가 모자라게 되어 사람들의 신임을 얻지 못하게 되는 것이다.

논어에서 공자의 제자인 자하(子夏)는 '신임을 얻은 뒤에 간해야지 신임을 얻지 못하고서 간하면 자기를 헐뜯는다고 생각한다.'라고 하였다.

제24장 기자불립(跂者不立)

跂者不立 跨者不行 自見者不明 自是者不彰 自伐者
기자불립 과자불행 자현자불명 자시자불창 자벌자
無功 自矜者不長.
무공 자긍자부장
其在道也 曰餘食贅行 物或惡之 故有道者不處.
기재도야 왈여식췌행 물혹오지 고유도자불처

발끝으로 선 사람은 오래 서 있지 못하고 가랑이를 벌려 걷는 사람은 멀리 가지 못하며, 스스로 나타내려는 사람은 드러나지 못하고 스스로 옳다고 하는 사람은 나타나지 못하며, 스스로 뽐내는 사람은 공이 없어지고 스스로 자랑하는 사람은 오래가지 못한다.

이러한 행위를 道에서는 밥의 찌꺼기나 군짓이라고 말하며 자연은 항상 이를 싫어하니 道를 지닌 사람은 그러한 일에 몸을 두지 않는다.

【글자 뜻】 跂:발돋움할 기. 跨:가랑이 과. 見:나타낼 현. 볼 견. 是:옳을 시. 이 시. 彰:나타날 창. 伐:자랑할 벌. 칠 벌. 矜:자랑할 긍. 贅:군더더기 췌. 或:항상 혹. 혹 혹. 惡:싫어할 오. 악할 악.

【말의 뜻】 跂者:발끝으로 서 있는 사람. 不立:오래 서 있지 못함. 跨者:가랑이를 벌려 걷는 사람. 不行:멀리 가지 못함. 自見者:자기의 덕이나 재능을 나타내려 하는 사람. 不明:밝게 드러나지 않음. 自是者:자기의 언행을 옳다고 고집하는 사람. 不彰:나타나지 않음. 自伐者:자기의 공을 뽐내는 사람. 不長:오래 가지 못함. 餘食:남은 음식. 밥의 찌꺼기. 贅行:군짓. 쓸데없는 행동. 物或惡之:자연은 항상 이를 싫어함. 物은 자연. 或은 常의 뜻. 不處:몸을 두지 않음.

【뜻 풀이】 이 장에서는 無爲自然의 道에 어긋나는 행동은 오래가지 못함을 밝히고 아울러 자만함과 교만함을 경계하고 있다.

자기의 키를 높이기 위하여 발꿈치를 들고 발끝으로 서 있다면 어찌 오래 서 있을 수 있겠는가! 또 걸음을 빨리 하기 위하여 가랑이를 크게 벌려 걷는다면 어찌 멀리까지 갈 수 있겠는가! 이는 모두 自然의 道를 거역하여 억지로 하는 짓이다.

자기의 덕을 믿고 다른 사람들에게 교만함은 마치 발끝으로 서 있는 사람처럼 결코 오래 서 있지 못할 것이며, 자기의 지혜와 재능을 믿고 남보다 빨리 출세하려 함은 마치 큰 걸음으로 걸어가는 사람 같아서 결코 멀리 가지 못한다.

이와 마찬가지로 자기의 덕이나 지혜를 억지로 남들에게 나타내 보이려 하면 오히려 빛을 보지 못하고 묻혀버리고, 자기의 말과 행동을 옳다고 고집한다면 도리어 그 옳음이 밝게 드러나지 못한다.

또 자기가 이룬 공을 스스로 뽐낸다면 도리어 그 공은 없어지고, 자기의 재능을 스스로 자랑한다면 오히려 그 재능은 오래 유지하지 못한다.

이와 같은 행동은 모두 사리사욕을 가지고 인위적으로 만들어낸 것이기 때문이다. 이것을 無爲自然의 道에서 보면 마치 먹고 남은 음식의 찌꺼기 같아서 처치곤란하고 혹처럼 주체궂을 뿐이다. 그리고 아무리 덕과 지혜, 공과 재능이 있다 할지라도 모두 수포로 돌아가고 오히려 재앙을 불러들이는 결과를 가져올 것이다.

無爲自然의 道는 이와 같이 인위적인 것을 몹시 싫어한다. 그러므로 無爲自然의 道를 체득한 사람은 인위적이고 부자연한 것을 멀리하고 그런 일에는 애당초 몸을 두지 않는다.

제2장에서는 '생겨나도 소유하지 않고, 일을 하고도 뽐내지 않고,

공이 이루어져도 머물지 않는다.'고 하였으며 제22장에서도 '스스로 나타내지 않기에 지혜가 밝게 드러나고, 스스로 옳다고 고집하지 않기에 나타나고, 스스로 뽐내지 않기에 공이 있게 되고, 스스로 자랑하지 않기에 오래간다.'고 하였다.

제25장 유물혼성(有物混成)

有物混成 先天地生 寂兮寥兮 獨立而不改 周行而不
유물혼성 선천지생 적혜료혜 독립이불개 주행이불
殆 可以爲天下母.
태 가이위천하모
吾不知其名 字之曰道 强爲之名曰大 大曰逝 逝曰遠
오부지기명 자지왈도 강위지명왈대 대왈서 서왈원
遠曰反.
원왈반
故道大 天大 地大 王亦大 域中有四大 而王居其一焉
고도대 천대 지대 왕역대 역중유사대 이왕거기일언
人法地 地法天 天法道 道法自然.
인법지 지법천 천법도 도법자연

뒤엉킨 한 사물이 있어 하늘과 땅보다 먼저 생겨났는데, 고요하고 쓸쓸
하여 소리도 없고 형체도 없건만 홀로 우뚝 서서 영원히 변함이 없으며
모든 것에 두루 행하여 잠시도 그침이 없으니 가히 천하 만물의 어머니라
하겠다.

내 그 이름을 알 길이 없어 글자를 붙여 '道' 라 부르지만 굳이 이름을
짓자면 '크다' 라고 말할 수 있으니 '크다' 는 '간다' 라고 말할 수 있고,
'간다' 는 '멀다' 라고 말할 수 있고, '멀다' 는 '돌아온다' 라고 말할 수 있
다.

그러므로 道는 큰 것이다. 하늘도 크고 땅도 크고 王 또한 크니 이 세
상에 네 가지 큰 것이 있어 王도 그 하나를 차지하거니와, 사람은 땅을
본받고, 땅은 하늘을 본받고, 하늘은 道를 본받고, 道는 自然을 본받는
다.

【글자 뜻】混:혼탁할 혼. 섞일 혼.　寂:고요할 적.　寥:쓸쓸할 료.　周:두루 주.　殆:게으를 태. 위태할 태.　强:굳이 강. 강할 강.　逝:갈 서.　反:돌아올 반.　域:지경 역.　法:본받을 법. 법 법.

【말의 뜻】有物:사물이 있음. 物은 道를 가리킴.　混成:혼돈의 세계. 夷·希·微의 無가 혼연히 섞여 이루어짐.　寂兮:고요하여 소리가 없음.　寥兮:쓸쓸하여 형체가 없음.　獨立:홀로 우뚝 섬.　不改:변함이 없음.　周行:우주와 만물에 두루 미침.　不殆:게으르지 않음. 그침이 없음.　爲天下母:천하 만물의 어머니가 됨.　字之:임시로 이름을 붙임.　强爲之名:군이 이름을 지음.　逝:감. 만물에 두루 미침.　反:돌아옴. 근본으로 돌아옴.　域中:이 세상의 안. 우주의 안.　王居其一焉:王이 그 하나를 차지함.　人法地:사람은 땅의 道를 본받음.

【뜻 풀이】 이 장에서는 自然의 道가 말할 수 없을 만큼 지극히 크며 사람은 이 自然의 道를 본받아야 함을 말하고 있다.

여기에 한 사물이 있다. 이 사물은 보이지 않는 無와 들리지 않는 無와 잡히지 않는 無, 이 세 가지 無가 한데 뒤섞여 혼돈 상태의 虛無를 이루고 있다.

그런데 이 虛無는 하늘과 땅보다 먼저 생겨나 그 시작조차 알 길이 없고, 그 소리를 들으려 해도 고요하기만 할 뿐 들을 수 없고, 그 형체를 보려 해도 쓸쓸하기만 할 뿐 볼 수 없다.

무릇 세상의 모든 사물은 상대적이어서 하늘에는 땅이, 해에는 달이, 산에는 골짜기가, 들에는 내가 있어 금수나 초목에 이르기까지 짝이 없는 것이 없고 동류 없는 것이 없다. 또 모든 사물은 그 모습이 변하기 마련이지만 오직 虛無만은 절대적이어서 홀로 우뚝 서서 아득한 태고 시절부터 영원히 항구불변인 것이다.

또 虛無는 그 기운이 온 우주에 가득 차 있어 이르지 않는 곳이 없고 잠시도 그 작용을 그치는 일이 없어 능히 우주를 운행시키고 천하의 만물을 낳고 길러내는 어머니 노릇을 하고 있다.

천하 만물은 각각 그 형상이 있어 하늘처럼 둥글면 원(圓)이라 하고, 땅처럼 모가 나면 방(方)이라 하고, 상체를 세우고 두 다리로 걸어다니면 인(人)이라 하고, 위에 있으면 상(上) 아래에 있으면 하(下)라고 하는데 이 虛無만은 형체도 없고 소리도 없이 온 우주 안에 미치지 않는 데가 없어 무엇이라고 이름을 지을 수도 없다. 이리하여 임시로 이 현묘 불가사의한 사물의 이름을 '道'라고 불러 두는 것이다.

천하의 만물이 다 道에서 태어나고 道를 힘입어 자라고 있지만 단지 '道'라는 이름만으로는 그 광대무변(廣大無邊)함을 나타내기에 부족하여 그 이름 위에 다시 '크다(大)'라는 이름을 덧붙인다. 그러나 이것만으로는 온 우주의 구석구석까지 두루 미침을 나타내기에 부족하므로 다시 그 위에 '간다(逝)'라는 이름을 덧붙인다.

이 '간다'라는 말은 멀리까지 간다는 뜻이니 여기에 다시 '멀다(遠)'라는 이름을 덧붙인다. 그런데 道는 항상 멀리 가기만 할 뿐만 아니라 항상 근본으로 되돌아와 아득한 옛날부터 오늘에 이르기까지, 그리고 앞으로도 영원히 천하 만물의 어머니 노릇을 되풀이하므로 그 위에 다시 '돌아온다(反)'라는 이름을 덧붙이는 것이다.

이와 같이 道는 실로 위대하다. 그리고 위대한 道를 본받아 위에서 만물을 덮어서 자라나게 하는 하늘이 위대하고, 만물을 실어서 자라나게 하는 땅이 위대하고, 천하 만민을 자라나도록 無爲의 정치를 하는 王 또한 위대하다.

우주 안에는 네 가지 위대한 것이 있으니 王, 즉 사람도 道 · 天 · 地

와 아울러 한 자리를 차지하게 되는 것이다. 중용(中庸)에도 '하늘과 땅의 만물을 화육(化育)하는 법도를 본받을 수 있다면 하늘과 땅과 함께 나란히 참여할 수 있다.'고 하였다.

　어쨌든 道에서 하늘이 생기고 다음에 땅이 생기고 그 다음에 사람이 생겨났으니 사람은 마땅히 땅이 만물을 나고 자라게 하는 데서 道를 체득해야 하고, 땅은 하늘이 계절을 순환시키고 주야를 교체시켜 만물을 나고 자라게 하는 데서 道를 체득하고, 또 하늘은 道가 無爲와 自然으로써 모든 능력을 발휘하는 데서 道를 체득해야 하는 것이니, 道의 방법이란 곧 無爲와 自然이다.

제26장 중위경근(重爲輕根)

重爲輕根 靜爲躁君.
중 위 경 근 정 위 조 군

是以聖人 終日行 不離輜重 雖有榮觀 燕處超然.
시 이 성 인 종 일 행 불 리 치 중 수 유 영 관 연 처 초 연

奈何萬乘之主 而以身輕天下 輕則失根 躁則失君.
내 하 만 승 지 주 이 이 신 경 천 하 경 즉 실 근 조 즉 실 군

무거움은 가벼움의 근본이 되고, 고요함은 시끄러움의 임금이 된다.

이런 까닭으로 성인은 종일을 가도 치중거(輜重車)를 떠나지 않고, 떠들썩한 구경거리가 있을지라도 편안히 처하여 초연한 것이다.

어찌 만 승(萬乘)의 천자로서 몸을 천하보다 가벼이 할 수 있겠는가! 가벼이 하면 근본을 잃게 되고, 시끄러이 하면 임금을 잃게 된다.

【글자 뜻】 輕:가벼울 경. 靜:고요할 정. 躁:시끄러울 조. 離:떠날 리. 輜:짐수레 치. 觀:볼 관. 燕:편안할 연. 나라 연. 超:넘을 초. 奈:어찌 내. 乘:수레 승. 탈 승.

【말의】 重爲輕根:무거운 것은 가벼운 것의 근본이 됨. 靜爲躁君:고요한 것은 시끄러운 것의 임금이 됨. 輜重:군대에서 짐을 싣고 뒤에 따라 가는 수레. 輜重車. 榮觀:떠들썩한 구경거리. 燕處:편안하게 거처함. 燕은 安의 뜻. 超然:속세의 일을 높고도 멀리 넘어섬. 奈何:어찌 ~하랴. 萬乘之主:천자. 즉 병거 만 대를 동원할 수 있는 황제. 제후는 천 대의 병거, 대부는 백 대의 병거를 동원할 수 있었음. 以身輕天下:몸을 천하보다 가볍게 처신함. 輕則失根:가볍게 처신하면 근본을 잃음. 躁則失君:시끄럽게 처신하면 임금의 지위를 잃음.

【뜻 풀이】 이 장에서는 무거움과 고요함의 덕을 말하여 경솔한 행동을 경
   계하고 있다.

   論語 學而篇에서 공자는 '君子가 무겁지 못하면 위엄이 없다.'고 하
였고 大學에도 '고요한 뒤에라야 안정될 수 있고, 안정된 뒤에라야 생
각할 수 있다.'고 하였으니 마음이 무겁고 안정되지 않으면 자연히 행
동이 경솔하여 무게 없는 사람이 되고 만다.

   나무로 말하자면 뿌리는 무거운데 가지와 잎은 가벼워, 바람이 조
금만 불어와도 가지와 잎은 마구 흔들리지만 뿌리는 조금도 움직이지
않는다. 그러므로 무거운 것은 가벼운 것의 근본이라 한 것이다.

   또 이것을 임금과 신하의 관계로 말하자면 임금은 조용히 앉아 있
지만 신하들은 임금의 명령을 받아 분주히 돌아다녀야 한다. 그러므
로 고요한 것은 시끄러운 것의 임금이라고 말한 것이다.

   그러므로 無爲自然의 道를 체득한 君子는 하루 종일 달리는 행군에
서도 맨 뒤의 짐을 실어 나르는 치중거에서 떠나는 일이 없듯이 항상
몸을 무겁게 처신한다. 또 세상 사람들은 조그만 구경거리만 있어도
앞을 다투어 목을 길게 늘이고 구경하려 몰려든다. 하지만 無爲自然
의 道를 체득한 君子는 아무리 떠들썩한 구경거리가 있어도 언제나
마음의 안정을 잃지 않고 초연히 유유자적하는 것이다.

   더구나 천하의 백성을 다스리는 天子쯤 된다면 마땅히 자기의 몸을
천하보다 더 무겁게 가져야 한다. 만일 가벼이 처신하면 위엄을 떨어
뜨려 근본을 잃게 되고, 또 시끄럽게 행동한다면 임금의 지위를 잃게
될 것이다.

제27장 선행무철적(善行無轍迹)

善行無轍迹 善言無瑕讁 善計不用籌策 善閉無關鍵而
선 행 무 철 적 선 언 무 하 적 선 계 불 용 주 책 선 폐 무 관 건 이

不可開 善結無繩約而不可解.
불 가 개 선 결 무 승 약 이 불 가 해

是以聖人 常善救人 故無棄人 常善救物 故無棄物 是
시 이 성 인 상 선 구 인 고 무 기 인 상 선 구 물 고 무 기 물 시

謂襲明.
위 습 명

故善人者 不善人之師 不善人者 善人之資 不貴其師
고 선 인 자 불 선 인 지 사 불 선 인 자 선 인 지 자 불 귀 기 사

不愛其資 雖知大迷 是謂要妙.
불 애 기 자 수 지 대 미 시 위 요 묘

잘 다니는 사람은 수레바퀴의 자국을 남기지 않고, 말을 잘하는 사람은 흠잡아 책망할 데가 없고, 계산을 잘하는 사람은 산가지를 쓰지 않고, 잘 잠그는 사람은 빗장을 지르지 않아도 열지 못하고, 잘 묶는 사람은 밧줄로 묶지 않아도 풀지 못한다.

이런 까닭에 성인은 항상 사람들을 잘 구원하기 때문에 버려지는 사람이 없고, 항상 사물들을 잘 구원하기 때문에 버려지는 사물이 없게 된다. 이것을 '밝음을 지녔다' 고 말하는 것이다.

그러므로 선한 사람은 악한 사람의 스승이 되고, 악한 사람은 선한 사람의 도움이 된다. 나의 스승을 귀중하게 여기지 않고 나의 도움을 사랑하지 않는다면, 비록 지혜가 있을지라도 크게 미혹(迷惑)하게 된다. 이것을 '현묘한 진리' 라고 말하는 것이다.

【글자 뜻】善:잘할 선. 착할 선. 轍:수레바퀴 철. 迹:자취 적. 瑕:허물
하. 讁:꾸짖을 적. 籌:셈대 주. 策:점대 책. 꾀 책. 關:빗장 관. 관계
할 관. 鍵:자물쇠 건. 結:맺을 결. 繩:노끈 승. 約:묶을 약. 약속할
약. 解:풀 해. 救:구원할 구. 棄:버릴 기. 襲:지닐 습. 엄습할 습.
資:도울 자. 바탕 자. 迷:미혹할 미.

【말의 뜻】善行:잘 다님. 無爲自然의 법칙에 따라 감. 轍迹:수레바퀴가
지나간 자국. 瑕讁:흠잡아 책망함. 善計:계산을 잘함. 籌策:산가지.
대나무를 깎아 젓가락처럼 만든 것으로 계산할 때 씀. 善閉:잘 잠그
는 사람. 關鍵:빗장을 지름. 善結:잘 묶는 사람. 繩:밧줄로 묶음.
善救人:사람들을 잘 구원함. 棄人:버려지는 사람. 襲明:밝은 덕을 지
님. 資:도움을 주는 것. 助의 뜻. 要妙:중요한 묘법. 無爲自然의 道를
가리킴.

【뜻 풀이】이 장에서는 無爲自然의 덕을 체득한 성인만이 모든 사람과 사
물을 자연 그대로 다스릴 수 있음을 말한다.

　　제1절에서는 無爲自然의 道를 체득한 사람이 道를 행함을 말한다.
말을 잘 모는 사람은 수레가 지나간 뒤에 바퀴 자국을 남기지 않는다.
하늘을 날아가는 새는 그 자국을 남기지 않고, 바람이 지나가도 그 자
취를 남기지 않는다. 無爲自熱의 道를 체득한 사람의 행위도 이와 마
찬가지로 자취가 없다. 자취가 있음은 벌써 인위적인 행위가 되기 때
문이다.

　　無爲自然의 道를 체득한 사람의 말은 마치 티 없는 옥과 같아 조금
의 실언도 없고, 그가 하는 계산은 산가지를 사용하지 않아도 잘 들어
맞는다. 自然은 원래 말이 없는 법이며 사리사욕을 초월한 사람은 원
래 계산을 하지 않기 때문이다.

또 꽃망울이나 조개는 자물쇠로 잠근 것도 아니면서 인위적으로 열기 어렵고, 칡이나 등나무 덩굴은 밧줄로 묶은 것도 아니면서 인위적으로 풀기 어렵다. 이것이 無爲自然의 법칙인 것이다.

無爲自然의 덕으로 나라를 다스린다면 국경 지대에 관문을 만들어 지키지 않더라도 백성들이 외국으로 도망가지 않을 것이며, 엄격한 법령으로 제약하지 않아도 백성들이 스스로 덕에 감화되어 올바른 길을 가게 된다.

제2절은 無爲自然의 道를 행하는 사람의 정치를 말한다. 마치 天地와 自然이 만물을 각기 그 본성에 따라 살게 하여, 새는 하늘을 날고 물고기는 물속에서 헤엄치듯이 無爲自然의 道를 행하는 사람은 모든 사람들이 각자 타고난 자질에 따라 살게 할 뿐만 아니라, 금수나 초목도 마찬가지로 소는 밭 갈고 말은 짐 싣고 개는 집 지키고 닭은 새벽을 알리며, 굵은 나무는 대들보로 쓰고 가는 나무는 서까래로 쓰며, 곧은 나무는 재목으로 쓰고 굽은 나무는 멍에를 만들어서 하나도 버려지는 것 없이 다 유용하게 하는 것이다. 이것은 모두 안에 '밝은 덕을 지니고 있기' 때문이다.

제3절은 無爲自然의 道를 행하는 성인은 모든 사람을 버리지 않고 다스릴 수 있음을 말한다. 여기서 선한 사람이란 無爲自然의 道를 따라 본성을 지켜 나가는 사람이고 악한 사람이란 사리사욕에 눈이 어두워 인위적인 길을 걸어가는 사람이다.

따라서 선한 사람은 악한 사람들의 스승이니 악한 사람들은 마땅히 그를 본받아 욕심을 버리고 自然으로 돌아가야 하며 선한 사람은 마땅히 악한 사람들의 잘못을 스스로 반성하는 자료로 삼아야 한다.

그러므로 만일 선하지 못한 사람이 선한 사람을 스승으로 받들어 따르지 않고, 선한 사람이 악한 사람들을 사랑으로 이끌어 올바른 길

로 인도하지 않는다면, 아무리 지혜가 있다 하더라도 사람과 사물을
버리지 않는 無爲自然의 道를 잃는 것이라 하겠다.

제28장 지기웅(知其雄)

知其雄 守其雌 爲天下谿 爲天下谿 常德不離 復歸於
지 기 웅 수 기 자 위 천 하 계 위 천 하 계 상 덕 불 리 복 귀 어
嬰兒.
영 아
知其白 守其黑 爲天下式 爲天下式 常德不忒 復歸於
지 기 백 수 기 흑 위 천 하 식 위 천 하 식 상 덕 불 특 복 귀 어
無極.
무 극
知其榮 守其辱 爲天下谷 爲天下谷 常德乃足 復歸於樸.
지 기 영 수 기 욕 위 천 하 곡 위 천 하 곡 상 덕 내 족 복 귀 어 박
樸散則爲器 聖人用之 則爲官長 故大制不割.
박 산 즉 위 기 성 인 용 지 즉 위 관 장 고 대 제 불 할

그 수컷을 알고서 그 암컷을 지키면 천하의 시냇물이 되고, 천하의 시냇물이 되면 참다운 덕이 떠나지 않아 어린아이로 되돌아간다.

그 흰 것을 알고서 그 검은 것을 지키면 천하의 법도가 되고, 천하의 법도가 되면 참다운 덕에 어긋나지 않아 끝없는 道로 되돌아간다.

그 영화를 알고서 그 욕됨을 지키면 천하의 골짜기가 되고, 천하의 골짜기가 되면 참다운 덕이 이에 가득 차 통나무로 되돌아간다.

통나무가 흩어지면 그릇이 되고, 성인이 이것을 쓰면 君主가 된다. 그러므로 큰 재목은 쪼개지 않는 법이다.

【글자 뜻】雄:수컷 웅. 雌:암컷 자. 谿:시내 계. 離:떠날 리. 式:법 식.
忒:어긋날 특. 辱:욕될 욕. 樸:통나무 박. 散:흩을 산. 器:그릇 기.
制:만들 제. 割:쪼갤 할.
【말의 뜻】知其雄:수컷에 대하여 자세히 앎. 守其雌:겸허하고 소극적이

고 아래를 좋아하는 암컷의 덕을 지킴. 天下谿:천하에서 제일 큰 시
냇물. 常德:언제나 변함없는 참다운 덕. 復歸:되돌아감. 嬰兒:지혜
도 없고 욕심도 없는 어린아이. 知其白:지혜가 밝음. 守其黑:어둡고
어리석음을 지킴. 天下式:천하에서 제일가는 법도. 不忒:어긋나지
않음. 無極:끝이 없는 無爲自然의 道. 知其榮:부귀영화를 앎. 守其
辱:빈천하고 낮은 곳을 지킴. 樸:다듬지 않은 통나무. 樸散則爲器:통
나무를 쪼개 인공적으로 여러 가지 기구를 만듦. 器는 유용한 인물에
비유한 말. 官長:모든 관리의 우두머리. 즉 군주. 大制不割:위대한
재목은 쪼개지 않음.

【뜻 풀이】 이 장에서는 無爲自然의 소극적인 덕을 찬양하고 있다. 여기에
는 노자가 즐겨 사용하는 암컷, 시냇물, 어린아이, 어리석음, 골짜기,
통나무 등의 용어를 총동원한 느낌이 든다.

수컷은 거칠고 굳세고 강하고 능동적이지만 암컷은 온순하고 부드
럽고 약하고 겸허하고 피동적이다. 이와 같이 수컷의 적극적인 면을
알면서도 암컷의 겸허하고 소극적인 덕을 지켜 나간다면 천하에서 가
장 큰 시냇물과 같은 사람이 될 수 있다.

시냇물은 낮은 데 있기 때문에 모든 골짜기에서 흘러내리는 물을
다 받아들일 수 있는 것이다. 이와 같은 사람이 되기만 한다면 無爲自
然의 변함없는 참다운 덕이 그의 몸에서 잠시도 떠나지 않아 지혜도
욕심도 없는 천진난만한 어린아이로 되돌아갈 수 있다.

또 세상 모든 사물의 이치를 환히 아는 총명한 지혜를 지녔어도 마
치 어둡고 어리석은 사람처럼 살아 가는 태도를 잃지 않는다면 사람
들이 모두 본받아야 할 법도가 될 것이며, 이와 같은 천하의 법도를
이루면 無爲自然의 道에 조금도 어긋남이 없어 하늘과 땅이 생겨나기

전의 虛無로 되돌아갈 수 있다.

또 세상 사람들이 모두 욕심내는 부귀와 영화의 길을 알면서도 욕심을 버리고 낮고 천한 자리에 머무른다면 천하에서 제일 큰 골짜기 같은 사람이 될 수 있다. 골짜기는 항상 텅 비어 있고 낮은 곳에 있어서 초목을 길러내고 새와 짐승이 깃들게 한다. 이런 골짜기와 같은 사람이 되면 無爲自然의 道와 德이 몸에 가득하여 산에서 베어 낸 큰 통나무처럼 소박해질 수 있다.

인공을 가하지 않은 통나무는 거칠고 다듬지 않아 쓸모없는 것 같지만 이를 다듬으면 대들보나 기둥이 되고 온갖 그릇과 연모를 만들 수 있다. 이처럼 통나무가 재목이나 그릇이 되듯이 無爲自然의 道를 체득한 성인은 인재를 거느리는 군주가 될 수 있다. 그러므로 큰 재목은 쪼개지 않는 것처럼 위대한 사람은 소박한 통나무째로 있는 법이다.

공자가 論語 爲政篇에서 '군자는 그릇이 되어서는 안 된다.(君子不器)'고 한 것은 곧 '大制不割'과 같은 뜻이다.

제4장에서 '나의 밝은 빛 감추고서 티끌 세상과 뒤섞인다.(和其光同其塵)'고 한 것은 '知其白 守其黑'과 같은 뜻이다.

제29장 장욕취천하(將欲取天下)

將欲取天下而爲之者 吾見其不得已 天下神器 不可爲
장 욕 취 천 하 이 위 지 자　오 견 기 부 득 이　천 하 신 기　불 가 위

也 爲者敗之 執者失之.
야　위 자 패 지　집 자 실 지

凡物 或行或隨 或噓或吹 或强或羸 或載或墮 是以聖
범 물　혹 행 혹 수　혹 허 혹 취　혹 강 혹 리　혹 재 혹 타　시 이 성

人 去甚 去奢 去泰.
인　거 심　거 사　거 태

장차 천하를 얻고자 애쓰던 이들, 내 그 얻지 못함을 보았을 뿐이다. 천하는 신령스러운 그릇이라 인위적으로는 되지 않는 법이다. 인위적으로 하는 자는 실패하고, 인위적으로 잡는 자는 그것을 잃는다.

무릇 사물에는 먼저 가는 것도 있고 뒤따라가는 것도 있으며, 불어 덥히는 것도 있고 불어 식히는 것도 있으며, 강한 것도 있고 약한 것도 있으며, 싣는 것도 있고 떨어뜨리는 것도 있다. 이런 까닭으로 성인은 심함을 버리고 사치함을 버리며, 교만함을 버리는 것이다.

【글자 뜻】取:취할 취. 器:그릇 기. 敗:패할 패. 執:잡을 집. 凡:무릇
범. 或:혹 혹. 隨:따를 수. 噓:불 허. 吹:불 취. 羸:여윌 리. 載:실
을 재. 墮:떨어질 타. 奢:사치할 사. 泰:교만한 태. 클 태.

【말의 뜻】取天下:천하를 얻음. 爲之:인위적으로 함. 인위적으로 다스
림. 不得已:얻지 못할 뿐임. 神器:신령스러운 그릇. 천하를 그릇에
비유한 것. 不可爲:인위적으로 할 수 있는 것이 아님. 敗之:실패함.
執者失之:잡은 사람은 잃어버림. 或行或隨:어떤 것은 앞서 가고 어떤
것은 뒤따라 감. 앞서 가려 하면 뒤떨어지고 뒤따라가면 앞서게 됨.

或噓或吹:어떤 것은 불어서 덥히고 어떤 것은 불어서 식힘. 或强或
羸:어떤 것은 강하고 어떤 것은 약함. 或載或墮:어떤 것은 싣고 어떤
것은 떨어짐. 去甚:심함을 버림. 극단적인 것을 버림. 去奢:사치를
버림. 去泰:교만함을 버림.

【뜻 풀이】 이 장에서는 인위적이고 적극적인 것을 배척하고 소극적인 無
爲의 덕을 찬양하고 있다.

   천하를 차지하려고 힘을 발동하거나 민심을 얻으려고 인위적으로
다스리면 천하를 얻지 못한다. 천하는 신령스러운 그릇이기 때문에
인위적으로 다루면 깨지고 억지로 붙잡으려 하면 잃게 된다.

   무릇 세상의 이치란 남보다 앞서려고 애쓰면 뒤로 밀려나게 되고
뒤에 서는 겸양의 덕을 베풀면 도리어 추대되어 앞으로 나서게 된다.
또 입김으로 사물을 불어 덥히려고 하면 오히려 식고, 식히려고 하면
오히려 더워지며, 강해지려고 애쓰면 도리어 약해지고, 약해지려고
노력하면 도리어 강해지며, 억지로 많이 실으려고 애쓰면 도리어 떨
어지고, 덜어내어 적게 실으려 하면 오히려 많이 실을 수 있게 된다.

   그러므로 無爲自然의 道를 체득한 사람은 극단과 과격을 피하여 소
극적인 방법을 취하고 의식주 생활에서도 사치를 버리고 검소함을 취
하며 공적을 내세워 교만하게 굴지 않고 겸양의 미덕을 취한다.

   따라서 만일 위정자가 無爲自然으로 나라를 다스린다면 백성들도
자연히 사리사욕을 버리고 풍속도 순박해져서 나라는 저절로 다스려
지게 된다.

   제64장에도 '인위적으로 하는 자는 실패하고, 억지로 붙잡는 자는
잃어버린다. 그렇지만 성인은 爲無이기 때문에 실패하지 않으며 집착
하지 않기 때문에 잃는 일이 없다.'고 하였다.

제30장 이도좌인주(以道佐人主)

以道佐人主者 不以兵强天下 其事好還 師之所處 荊
이 도 좌 인 주 자 불 이 병 강 천 하 기 사 호 환 사 지 소 처 형

棘生焉 大軍之後 必有凶年.
극 생 언 대 군 지 후 필 유 흉 년

故善者果而已矣 不敢以取强焉 果而勿矜 果而勿伐
고 선 자 과 이 이 의 불 감 이 취 강 언 과 이 물 긍 과 이 물 벌

果而勿驕 果而不得已 果而勿强.
과 이 물 교 과 이 부 득 이 과 이 물 강

物壯則老 是謂不道 不道早已.
물 장 즉 노 시 위 부 도 부 도 조 이

道로써 임금을 돕는 사람은 병력으로써 천하에 강함을 나타내지 않으니 그것은 되돌아오기를 잘하기 때문이다. 군대가 머물렀던 곳에는 가시나무가 생기고 큰 전쟁 뒤에는 반드시 흉년이 있게 마련이다.

그러므로 용병(用兵)을 잘하는 사람은 목적을 달성하는 데 그칠 뿐 구태여 강함을 취하려 하지 않는다. 목적을 달성하되 자랑하지 말고 목적을 달성하되 뽐내지 말며, 목적을 달성하되 교만하지 말고 목적을 달성하되 마지못해 해야 하며, 목적을 달성하되 강하게 굴지 말아야 한다.

모든 사물은 강장(强壯)하면 노쇠하게 마련이라 이를 일러 道에 어긋난다 하는 것이니, 道에 어긋나면 일찍 망하게 된다.

【글자 뜻】佐:도울 좌. 還:돌아올 환. 師:군사 사. 스승 사. 荊:가시 형.
棘:가시 극. 凶:흉할 흉. 果:마침내 과. 敢:구태여 감. 矜:자랑할
긍. 伐:뽐낼 벌. 驕:교만할 교. 壯:장할 장. 早:일찍 조.
【말의 뜻】佐人主:임금을 도움. 强天下:천하에 강함을 나타냄. 其事好

還:그것은 해가 되어 돌아오기를 잘함. 師之所處:군대가 주둔했던 곳. 荊棘生:가시나무가 자람. 大軍:큰 전쟁. 善者:용병을 잘하는 사람. 果而已:일을 수행하는 데 그침. 取强:강함을 차지함. 패권을 차지함. 勿矜:자랑하지 말라. 伐:뽐냄. 驕:교만하게 굶. 不得已:마지못해 함. 物壯則老:모든 사물은 지나치게 성하면 쇠퇴가 뒤따름. 不道:道에 어긋남. 부已:일찍 망함.

【뜻 풀이】 이 장에서는 노자의 전쟁론(戰爭論)을 말하고 있다. 노자는 물론 반전론자(反戰論者)이지만 백성들의 안녕을 위해 부득이한 경우 전쟁은 피할 수 없음을 시사한다.

無爲自然의 道를 가지고 임금을 보좌하는 장군은 군사력을 이용하여 천하의 패권(霸權)을 잡으려는 짓은 하지 않는다. 그와 같은 짓을 하면 도리어 재앙이 돌아오기 때문이다. 군대가 주둔했던 장소에는 으레 가시나무 밭이 우거진다. 이는 어진 백성들의 원망이 가시나무로 변하여 사람들의 손발을 찔러 피를 흘리게 하고 옷을 찢는 것이라고 한다. 또 큰 전쟁이 지나면 으레 흉년이 드는데 이는 하늘이 분노하여 한해와 홍수, 기근과 질병 같은 재앙을 내리기 때문이라고 한다.

그러므로 전쟁은 도탄에 빠진 백성들을 구제하기 위하여 부득이한 경우에만 해야 한다. 예를 들면 중국 고대에 夏나라의 폭군 걸(桀)이 사나운 정치를 휘둘러 백성들이 신음하는 것을 殷나라 탕왕(湯王)이 이를 몰아내고 어진 정치를 베풀었으며, 殷나라의 주(紂)가 폭정을 휘둘러 백성들이 도탄에 허덕이자 周나라 武王이 이를 몰아내고 어진 정치를 베풀어 백성들로 하여금 태평가(太平歌)를 부르게 했다.

그런데 이와는 반대로 전쟁의 목적이 영토적인 야욕이나 권력 확장에 있다면 설사 한때는 강한 군대의 위력을 발휘할 수 있을지 모르지만 결국은 그것이 재앙의 근원이 되어 멸망하고 만다. 그 좋은 예로는 제2차 세계대전 때 독일의 히틀러나 일본 제국주의의 말로를 들 수 있다.

그러므로 전쟁이란 부득이한 경우에 그 목적을 달성하는 데 그쳐야 지 부국강병(富國强兵)으로 그 위세를 천하에 떨치기 위한 것이어서 는 안 된다. 강한 군사력을 자랑스럽게 여기거나 뽐내고 교만하게 굴 어서는 안 되며 어디까지나 부득이한 경우에만 취할 일이지 결코 군 사력의 강함을 과시해서는 안 된다.

세상 사물의 이치란 지나치게 강하면 부러지고, 너무 성하면 곧 시 들게 마련이다. 이것은 모두 無爲自然의 道에 어긋나기 때문이며 道 에 어긋나면 재앙을 불러들여 일찍 패망하게 된다.

다음 제31장에서도 '무기는 불길한 연모이므로 군자가 다룰 것이 아니다.' 라고 하였다.

제31장 부가병(夫佳兵)

夫佳兵者不祥 物或惡之 故有道者不處 是以君子居則
부가병자불상 물혹오지 고유도자불처 시이군자거즉

貴左 用兵則貴右.
귀좌 용병즉귀우

兵者不祥之器 非君子之器 不得已而用之 恬淡爲上.
병자불상지기 비군자지기 부득이이용지 염담위상

勝而不美 而美之者 是樂殺人 夫樂殺人者 則不可得
승이불미 이미지자 시요살인 부요살인자 즉불가득

志於天下矣.
지어천하의

故吉事尙左 凶事尙右 是以偏將軍處左 上將軍處右
고길사상좌 흉사상우 시이편장군처좌 상장군처우

言以喪禮處之.
언이상례처지

殺人衆多 以悲哀泣之 戰勝以喪禮處之.
살인중다 이비애읍지 전승이상례처지

무릇 군대를 좋아하는 사람은 길하지 못하다. 조물주도 이를 싫어하니 道를 지닌 사람은 이에 몸을 두지 않는다. 이런 까닭으로 군자는 평소에는 왼편을 귀하게 여기지만 군대를 움직일 때는 오른편을 귀하게 여긴다.

무기는 상서롭지 못한 연모이므로 군자가 다룰 것이 아니다. 부득이 쓸 때는 담박(淡泊)함이 상책이다.

전쟁에 이겨도 경사로 여겨서는 안 되니 이를 경사로 여기는 자는 곧 사람 죽이기를 좋아하는 것이라, 사람 죽이기를 좋아하는 자는 천하에서 뜻을 얻지 못한다.

그러므로 길한 일에는 왼편을 숭상하고 흉한 일에는 오른편을 숭상한다. 이런 까닭으로 부장군(副將軍)은 왼편에 처하고 상장군(上將軍)은 오른편에 처하니 이는 전쟁을 상례(喪禮)로 삼음을 말한다.

　사람을 많이 죽이면 슬피 울어 애도해야 하니 전쟁에 이길지라도 상례로써 삼아야 하는 것이다.

【글자 뜻】 佳:좋아할 가. 아름다울 가. 祥:상서 상. 惡:싫어할 오. 악할
　악. 恬:편안할 염. 淡:맑을 담. 樂:좋아할 요. 즐거울 락. 偏:치우
　칠 편. 喪:상사 상. 衆:무리 중. 悲:슬플 비. 哀:슬플 애. 泣:울
　읍.

【말의 뜻】 佳兵:무기를 좋아함. 전쟁을 좋아함. 不祥:상서롭지 못함. 길
　하지 못함. 物或惡之:조물주가 싫어함. 物은 조물주. 或은 有의 뜻.
　不處:처하지 않음. 몸을 두지 않음. 居則貴左:거처함에는 왼쪽을 귀
　중히 여김. 不祥之器:불길한 연모. 凶器. 恬淡:욕심이 없고 마음이
　편안함. 爲上:최상이 됨. 不美:아름답지 못함. 경사가 아님. 樂殺
　人:사람 죽이기를 좋아함. 不可得志:뜻을 얻지 못함. 吉事尙左:경사
　로운 일에는 왼편을 숭상함. 임금이 北을 등지고 南面하면 왼편이 東
　쪽이 됨. 東은 해가 뜨는 陽이고 西는 해가 지는 陰임. 그래서 경사에
　는 왼쪽을 숭상하고 喪禮에는 오른편을 숭상함. 偏將軍:副將軍.

【뜻 풀이】 이 장에서는 앞 장에 이어 전쟁이 道에 어긋난 것임을 주장하
　고 있다. 무기란 흉기이며 전쟁은 부득이한 경우에만 하되 상례를 치
　루는 마음으로 수행해야 한다고 말한다.

　무릇 전쟁이란 無爲自然의 道에 어긋나는 하나의 불상사로 天地와
　自然도 이를 싫어한다. 그래서 無爲自然의 道를 체득한 사람은 많은
　사상자를 내는 전쟁은 하려 하지 않는다.

君子는 평소에 陽을 상징하는 왼쪽을 존중한다. 좌석도 윗사람은 왼쪽 자리에 앉고 수레를 타도 윗사람은 왼쪽 자리에 앉는다. 벼슬에서도 좌의정(左議政)은 우의정(右議政)보다 높고 좌승지(左承旨)는 우승지(右承旨)보다 윗자리였으며, 남존여비(男尊女卑)의 봉건사상에서 남좌여우(男左女右)의 구별도 생겨났다.

그런데 전쟁을 수행할 때는 陰을 존중하는 상례(喪禮)에 따라 행하였다. 즉 부장군이 상석에 해당하는 왼쪽에 처하고 상장군이 하석에 해당하는 오른쪽에 처했으며, 군대를 출동할 때에도 상례에서 관을 내갈 때처럼 北門을 통하여 출군했다. 이는 모두 사람을 살상하는 전쟁을 凶事로 보았기 때문이다.

어쨌든 무기는 흉기이기 때문에 덕 있는 군자는 이를 멀리해야 한다. 부득이 전쟁을 해야 할 때도 영토나 권력에 대한 욕심이 있어서는 안 되고 가능한 한 살상을 피해야 한다.

설사 전쟁에 이길지라도 좋아할 것은 못 된다. 승리를 좋아한다는 것은 곧 사람 죽이기를 좋아하는 것이니, 사람 죽이기를 좋아하는 사람이 어찌 천하 백성들의 마음을 얻을 수 있겠는가!

전쟁은 불길한 일이다. 그러므로 경사에서는 왼편(陽)을 존중하지만 전쟁의 경우는 흉사에서 존중하는 오른편(陰)을 따른다. 부장군이 윗자리인 왼쪽을 차지하고 상장군이 아랫자리인 오른쪽을 차지하는 것은 곧 전쟁이 상례를 따름을 말해 주는 것이다. 또 아무리 전쟁에 이길지라도 사상자가 많으면 슬피 울어 애도하는데 이는 곧 상례로써 대하기 때문이다.

맹자 양혜왕편(梁惠王篇)에도 이런 문답이 있다.

양양왕(梁襄王):천하가 어떻게 정해지겠습니까?

맹자:하나로 정해질 것입니다.

양양왕:누가 하나로 통일할 수 있겠습니까?

맹자:사람 죽이기를 좋아하지 않는 사람이 하나로 통일할 것입니다.

제32장 도상무명(道常無名)

道常無名 樸雖小 天下不敢臣 王侯若能守 萬物將自賓.
도상무명 박수소 천하불감신 왕후약능수 만물장자빈

天地相合以降甘露 民莫之令而自均.
천지상합이강감로 민막지령이자균

始制有名 名亦旣有 夫亦將知止 知止所以不殆.
시제유명 명역기유 부역장지지 지지소이불태

譬道之在天下 猶川谷之於江海也.
비도지재천하 유천곡지어강해야

道의 본체는 이름이 없으니 통나무가 비록 작을지라도 천하의 누구라도 감히 신하로 부리지 못한다. 임금이 만일 이를 지킬 수 있다면 만물은 스스로 손님으로 오게 될 것이다.

하늘과 땅이 서로 화합하여 단 이슬을 내리니 백성에게 명령하지 않아도 저절로 고루 다스려질 것이다.

통나무를 비로소 쪼개어 이름이 생기며 이름 또한 이미 생겼으니 무릇 장차 그칠 줄 알아야 하며 그칠 줄 아는 것이 위태롭지 않은 길이다.

비유컨대 道가 천하에 있음은 마치 내와 골짜기의 물이 강과 바다로 흘러 들어감과 같다.

【글자 뜻】雖:비록 수. 侯:제후 후. 賓:손 빈. 降:내릴 강. 甘:달 감.
　露:이슬 로. 令:명령할 령. 하여금 령. 均:고를 균. 旣:이미 기. 止:
　그칠 지. 殆:위태할 태. 譬:비유할 비. 猶:같을 유.

【말의 뜻】道常:道의 본체. 常은 眞의 뜻. 不敢臣:감히 신하로 부리지 못
　함. 君王의 道라는 뜻. 自賓:스스로 손님이 되어 돌아옴. 덕을 사모하

여 돌아옴. 莫之令:명령하지 않음. 自均:덕이 고루 미쳐 저절로 잘
다스려짐. 始制有名:통나무를 쪼개고 깎아 인공을 가함으로써 여러
가지 재목과 그릇이 되고 이름이 생겨남. 知止:멈출 줄 앎. 욕심을 내
지 않고 분수를 지킴. 所以:까닭. 방법. 不殆:위태하지 않음. 譬~猶
~:비유컨대 ~은 마치 ~와 같음.

【뜻 풀이】 이 장에서는 道의 본체가 인공을 가하지 않은 통나무와 같으며
    君王이 이 無爲의 道를 지키면 천하의 민심이 저절로 그에게 돌아온
    다고 말한다.

    제1장에서도 말한 바와 같이 道란 원래 텅 비고 형태가 없는 기운이
    라 무어라 이름조차 붙일 수 없다. 그것은 마치 산에서 베어 다듬지
    않은 채로 있는 통나무와 같다. 통나무는 아무리 작은 것일지라도 자
    질구레한 그릇이 아니다. 어떤 그릇도 될 수 있는 바탕만을 지니고 있
    을 뿐이다.

    君王의 덕은 바로 이 통나무와 같아야 한다. 문무백관이나 목공처
    럼 재덕이 국한되어 있어서는 안 된다. 君王이 만일 이와 같은 無爲自
    然의 道를 지켜 나가기만 한다면 천하의 모든 사람들은 그의 덕을 사
    모하여 사방에서 모여들게 마련이다.

    하늘과 땅이 저절로 화합하여 단 이슬을 내림으로써 만물을 자라나
    게 하는 것처럼 君王이 無爲自然의 道를 지켜 나가면 굳이 법령을 만
    들어 다스리지 않아도 그 덕화가 고루 퍼져 백성들은 저절로 다스려
    지고 태평연월을 누리게 된다.

    통나무는 인공을 가하여 쪼개고 다듬어야 비로소 대들보, 기둥, 서
    까래 따위 여러 가지 이름이 생겨난다. 이와 마찬가지로 無爲自然의
    道가 흩어져 仁, 義, 禮, 智, 信, 忠, 孝 등의 이름이 생겨나게 된 것

이다.

이는 물질문명의 발달에 따라 더욱 세분되는데 현실에 얽매이느라 자기 분수를 벗어나 욕망의 노예가 된다면 재앙을 자초하게 된다. 사람은 항상 無爲自然의 道를 지켜 욕심을 억제할 줄 알아야 한다. 그칠 줄 아는 것이 위태롭지 않은 길이며 이것이 바로 君王이 자기 몸과 나라의 안녕을 도모하는 길이다.

제44장에서는 '만족할 줄 알면 욕됨이 없고 그칠 줄 알면 위태하지 않으니 오래갈 수 있다.'고 하였다.

제33장 지인자지(知人者智)

知人者智 自知者明 勝人者有力 自勝者强 知足者富
지 인 자 지 자 지 자 명 승 인 자 유 력 자 승 자 강 지 족 자 부
强行者有志 不失其所者久 死而不亡者壽.
강 행 자 유 지 불 실 기 소 자 구 사 이 불 망 자 수

    남을 아는 사람은 지혜롭고 스스로를 아는 사람은 현명하며, 사람을 이기는 사람은 힘이 있고 스스로를 이기는 사람은 뜻이 강하며, 만족함을 아는 사람은 부유하고 힘써 행하는 사람은 뜻이 있으며, 그 자리를 잃지 않는 사람은 오래가고 죽어도 망하지 않는 사람은 오래 산다.

【글자 뜻】 智:지혜 지. 志:뜻 지. 失:잃을 실. 久:오랠 구. 壽:오래 살 수.

【말의 뜻】 知人者智:남을 아는 사람은 지혜로움. 自知者:자기 자신을 아는 사람. 勝人者:남을 이기는 사람. 自勝者强:자기 자신을 이기는 사람은 뜻이 강함. 自勝은 論語에 나오는 克己復禮의 克己와 같은 뜻. 知足者:만족할 줄 아는 사람. 强行者:노력하여 행하는 사람. 强行은 中庸에 있는 勉强而行之와 같은 뜻. 不失其所者:자기 분수를 지켜 잃지 않는 사람. 즉 道를 지켜 떠나지 않는 사람. 死而不亡者:몸은 죽어도 그 덕이 망하지 않는 사람.

【뜻 풀이】 이 장에서는 無爲自然의 道를 체득한 사람은 모름지기 자신의 덕행에 힘써 영원히 보전할 수 있음을 말한다.

    知人者智 自知者明 ── 남을 아는 사람은 지혜가 있고 자기 자신을

아는 사람은 현명하다. 세상에는 남도 알지 못하고 자기 자신도 알지 못하는 사람이 있으니 이런 사람들을 '어둡다'고 말한다. 또 자기 자신도 모르는 주제에 다른 사람들의 옳고 그름과 선하고 악함과 현명하고 어리석음은 잘 분간하는 지혜를 가진 사람들이 있다. 이들의 지혜는 참다운 지혜가 아니다.

그리스의 철학자인 소크라테스도 '너 자신을 알라.'고 하였듯이 자기 자신을 잘 아는 지혜, 이것이 참다운 지혜인 것이다. 이와 같은 참다운 지혜를 지닌 사람을 현명하다고 말한다.

한비자 유로편(喩老篇)에도 '지혜의 어려움은 남을 보는 데 있지 않고 자기 자신을 보는 데 있다. 그러므로 자기 자신을 보는 일을 현명하다고 말한다.(智之難 不在見人 在自見 故曰 自見之謂明)'고 하였다.

勝人者有力 自勝者强 ─ 남을 이기는 사람은 힘이 있고 자기 자신을 이기는 사람은 뜻이 강하다. 힘으로 다른 사람을 이기는 것은 필부(匹失)의 만용이다. 참다운 용맹이란 남이 아니라 자기 자신을 이겨내는 일이다. 자기 자신의 사리사욕을 극복하고 대의명분(大義明分)에 서는 일, 이것이 小我를 버리고 大我에 사는 길인 것이다.

왕양명(王陽明)이 남방 민족을 정벌할 때 보낸 편지에서 '산중의 도적을 격파하기는 쉬우나 마음속의 도적을 격파하기는 어렵다.(破山中賊易 破心中賊難:楊明全書 卷一)'고 한 말은 곧 이와 같은 뜻이라 하겠다.

知足者富 ─ 만족할 줄 아는 사람은 부유하다. 사람의 욕심은 한이 없다. 백만 원을 가지면 천만 원을 갖고 싶고 천만 원을 가지면 일억 원이 탐난다. 이처럼 욕심에만 쫓기는 사람이라면 아무리 많은 재산을 가지고 있더라도 마음은 언제나 가난에서 벗어나지 못하게 된다. 그렇지만 욕심을 버리고 현재에 만족할 줄 아는 사람은 언제나 부유

하고 행복하다.

제46장에서도 '만족할 줄 아는 족함이라야 언제나 풍족하다.(知足之足常足)'고 하였다.

强行者有志 — 노력하여 행하는 사람은 뜻이 있다. 道란 알기만 하는 것으로는 안 된다. 이를 꾸준히 실천하도록 노력해야만 한다. 여기에는 마음이 잠시도 道에서 떠나지 않도록 하는 굳센 의지가 필요하다.

易經에도 '하늘의 운행은 꾸준하다. 군자도 스스로 힘써 잠시도 쉬지 않는다.(天行健 君子以自彊不息)'라는 말이 있다. 해와 달과 별들은 예로부터 운행하되 잠시도 쉬는 때가 없다. 사람도 이를 본받아 목숨이 다할 때까지 道를 지켜 꾸준히 이를 실천하도록 노력해야 한다.

不失其所者久 — 내 몸 둘 곳을 잃지 않으면 오래간다. 몸을 둘 곳이란 곧 道다. 道를 지켜 이를 잃지 말아야 나를 오래도록 보전할 수 있다.

제16장에서 '道는 영원불멸한 것으로 몸을 마치도록 위태함이 없다.(道乃久 沒身不殆)'고 말한 것도 이와 똑같은 뜻이다. 사람은 누구나 자기만의 재능과 분수가 있다. 이 재능과 분수에 맞는 지위와 직업에 만족하고 살아간다면 위태한 지경에 빠지는 일은 없을 것이다. 그런데 그 재능과 분수에 맞지 않는 허욕을 부리거나 높은 지위를 차지한다면 다른 사람들의 원망과 미움을 받아서 그 부나 지위를 오래 누리지 못하게 된다.

死而不亡者壽 — 죽어도 망하지 않는 사람은 오래 산다. 사람의 육체는 죽음과 더불어 없어진다. 그러므로 육체의 쾌락과 행복만을 추구하는 삶을 영위하는 사람은 비록 백 살을 살지라도 죽음과 동시에 끝장이 나버리고 만다. 이와 같은 인생이라면 개나 돼지와 다를 것이

무엇이겠는가!

인간이 진실로 만물의 영장일 수 있는 까닭은 정신과 영혼에 있다. 사리사욕에 뒤얽힌 小我를 초월하고 大我를 위하여 사는 사람은 육체가 없어진 뒤에도 정신과 영혼이 영원히 살아 있어 결코 죽는 일이 없다. 이것이 참다운 장수인 것이다.

예를 들면 백성들을 매우 사랑하신 세종대왕의 정신은 한글과 더불어 길이 살아 있고, 민족의 어려움을 막아내신 충무공의 피는 우리 민족의 피 속에서 영원히 힘차게 돌고 있다.

제34장 대도범혜(大道汎兮)

大道汎兮其可左右 萬物恃之以生而不辭 功成不居 衣
대도범혜기가좌우 만물시지이생이불사 공성불거 의

被萬物而不爲主.
피만물이불위주

故常無欲 可名於小矣 萬物歸焉而不爲主 可名於大矣.
고상무욕 가명어소의 만물귀언이불위주 가명어대의

是以聖人 以其終不自爲大 故能成其大.
시이성인 이기종부자위대 고능성기대

큰 道는 넓고 넓어서 좌우에 두루 미친다. 만물이 이를 의지하여 생겨
나되 사양하지 않고, 공을 이루되 머물지 않으며, 만물에 덕을 입히되 주
인이 되지 않는다.

그러므로 항상 욕심이 없으니 작은 것이라고 이름 할 만하고, 만물이
그에게로 돌아가되 주인이 되지 않으니 큰 것이라고 이름 할 만하다.

이런 까닭에 성인은 마침내 스스로를 크다고 하지 않기 때문에 큰 것을
이루어낼 수 있다.

【글자 뜻】 汎:넓을 범. 恃:믿을 시. 辭:사양할 사. 말씀 사. 被:입을 피.

【말의 뜻】 大道汎兮:無爲自然의 큰 道는 한없이 넓음. 萬物恃之:만물이
   道를 의지함. 生而不辭:생겨나되 사양하지 않음. 功成不居:공이 이
   루어져도 머물지 않음. 衣被萬物:道의 덕이 만물에 미침. 萬物歸焉:
   만물이 道로 돌아감. 終不自爲大:끝내 스스로를 크다고 하지 않음.

【뜻 풀이】 이 장에서는 無爲自然의 道의 위력은 무한하며 성인은 이 道를

체득하여 큰일을 이루어낼 수 있음을 말한다.

　無爲自然의 道는 한없이 넓고 막힘이 없어 상하와 전후좌우에 그 힘이 이르지 않는 곳이 없다. 천하의 삼라만상이 道의 힘으로 생겨나지만 道는 풀 한 포기, 벌레 한 마리도 마다하는 일 없이 그들을 생겨나게 한다. 道는 그만큼 위대한 일을 하면서도 공을 자기의 것으로 삼으려는 욕심이 조금도 없다.

　無爲自然의 道는 이와 같이 모든 만물에게 하나도 빠짐없이 골고루 덕화를 입히면서도 주인 노릇을 하지 않는다. 그러니 道의 힘이 얼마나 치밀한가? 또 만물이 죽으면 다시 道로 돌아가지만 道는 그 모두를 품안으로 받아들이면서도 주인 노릇을 하지 않으니 道의 힘이 얼마나 큰가?

　無爲自然의 道를 터득한 성인은 이를 본받아 끝내 자신의 공을 크다고 내세우지 않기 때문에 위대한 일을 해낼 수 있는 것이다.

　제2장에서도 '만물이 일어나되 사양치 않고, 생겨나되 소유하지 않고, 일을 하되 뽐내지 않고, 공이 이루어져도 머물지 않는다.'고 하였으며 또 제63장에서는 '성인은 큰일을 하려 하지 않기 때문에 마침내 큰 일을 이루어낸다.'고 하였다.

제35장 집대상(執大象)

執大象 天下往 往而不害 安平泰.
집 대 상 천 하 왕 왕 이 불 해 안 평 태

樂與餌 過客止 道之出口 淡乎其無味.
악 여 이 과 객 지 도 지 출 구 담 호 기 무 미

視之不足見 聽之不足聞 用之不可既.
시 지 부 족 견 청 지 부 족 문 용 지 불 가 기

큰 형상(道)을 잡고 천하에 가는데, 가도 해로움이 없어 안전하고 평온하고 태평하다.

음악 소리와 맛있는 음식에는 지나가는 나그네도 발길을 멈추지만 道에 대한 말은 담담하여 그 맛이 없다.

보아도 족히 볼 수 없고 들어도 족히 들을 수 없으나 그것을 쓴다면 아무리 써도 다함이 없다.

【글자 뜻】執:잡을 집. 象:형상 상. 코끼리 상. 樂:음악 악. 즐거울 락.
　餌:먹이 이. 淡:맑을 담. 視:볼 시. 聽:들을 청. 既:다할 기. 이미
　기.

【말의 뜻】大象:큰 형상. 道를 가리킴. 너무 커서 보이지 않는 형상. 天
　下往:천하에 감. 道를 가지고 천하에 가서 다스림. 安平泰:안정되고
　평안하고 태평함. 樂與餌:음악과 맛있는 음식. 道之出口:道에 대한
　말을 함. 淡乎其無味:담담하여 아무 맛이 없음. 不可既:다 쓸 수 없
　음. 既는 盡의 뜻.

【뜻 풀이】이 장에서는 無爲自然의 道는 담담하여 아무 맛이 없지만 그

상편(上篇) 121

효용이 한없이 큼을 말한다.

　無爲自然의 道를 잡고 천하에 가서 다스리면 해로움이 하나도 없어 천하는 안정되고 평화롭고 태평해진다.

　그런데도 세상 사랑들은 왜 이 귀중한 道를 멀리하는가? 그들은 육체적인 쾌락만을 소중히 여기기 때문이다. 아름다운 음악 소리나 맛있는 음식 냄새에는 지나가는 길손도 발걸음을 멈춘다. 그렇지만 無爲自然의 道는 오직 담담할 뿐, 아름답지도 않고 맛있지도 않다. 보잘 것도 없고 들을 만한 것도 없이 그저 평범할 뿐이다.

　道란 원래 형체가 없으니 볼 수도 없고 소리가 없으니 들을 수도 없다. 그러나 이 無爲自然의 道를 체득하여 활용하기만 한다면 그 작용은 실로 무한히 크고 무궁무진하여 온 천하가 태평을 누리게 되는 것이다.

　제41장에서도 '큰 형상은 형태가 없다.'고 하였다.

제36장 장욕흡지(將欲歙之)

將欲歙之 必固張之 將欲弱之 必固強之 將欲廢之 必
장욕흡지 필고장지 장욕약지 필고강지 장욕폐지 필

固興之 將欲奪之 必固與之 是謂微明.
고흥지 장욕탈지 필고여지 시위미명

柔之勝剛 弱之勝强 魚不可脫於淵 國之利器 不可以
유지승강 약지승강 어불가탈어연 국지리기 불가이

示人.
시 인

　장차 거두려면 잠시 그것을 벌여 놓아야만 하고, 장차 약하게 하려면
잠시 그것을 강하게 해야만 하고, 장차 폐하려면 잠시 그것을 흥하게 해
야만 하고, 장차 뺏으려면 잠시 그것을 주어야만 하니 이를 일러 '미명
(微明)'이라고 한다.

　부드러운 것은 굳센 것을 이기고 약한 것은 강한 것을 이기니, 물고기
는 연못을 벗어나서는 안 되고, 나라의 이로운 그릇은 남에게 보여서는
안 된다.

【글자 뜻】 歙:거둘 흡.　固:잠시 고. 굳을 고.　張:벌일 장. 베풀 장.　廢:
　　폐할 폐.　奪:뺏을 탈.　與:줄 여. 더불어 여.　微:적을 미.　柔:부드러
　　울 유.　剛:굳셀 강.　脫:벗어날 탈.　淵:못 연.　示:보일 시.

【말의 뜻】 歙之:거두어들임.　固張之:잠시 벌여 놓음.　微明:밝음을 가려
　　남이 알지 못하게 함.　柔之勝剛:부드러운 것이 굳센 것을 이김.　脫於
　　淵:연못에서 벗어남.　國之利器:나라의 이로운 그릇. 나라를 다스리는
　　지혜.

【뜻 풀이】이 장에서는 道를 체득한 사람은 天地와 自然의 방법을 본받아 자신의 밝은 지혜를 겉으로 드러내지 않으며 부드러움과 약함을 존중함을 말한다.

天地와 自然이 만물을 다스리는 법을 보면 장차 그것을 거두고자 할 때는 반드시 이에 앞서 그것을 벌여 놓고, 약하게 하려면 먼저 강하게 해 주고, 망하게 하려면 먼저 그것을 준다.

예를 들면 天地와 自然은 봄과 여름 동안 풀과 나무를 자라고 번성하게 하지만 가을이 되면 그 잎을 시들게 하고 낙엽이 지게 한다. 이와 같은 道의 작용은 사람들 눈에는 드러나 보이지 않는다. 그래서 이것을 微明, 즉 '밝은 지혜와 재능을 속에 숨기고 겉으로 드러내지 않아 사람들이 깨닫지 못하게 하는 것'이라고 한다.

이와 같이 소극적인 것은 언제나 적극적인 것을 이겨내기 마련이다. 부드러운 물은 굳은 바위를 깎아 조약돌이나 모래로 만들고, 부드럽고 약한 암컷이 힘세고 강한 수컷을 정복한다.

그러므로 無爲自然의 道를 체득한 사람은 언제나 부드럽고 약함으로 그의 뛰어난 지혜와 재능을 속에 숨기고 겉으로 드러내지 않는다.

물고기는 깊은 연못 속에 몸을 숨기고 있어야 한다. 만일 연못을 벗어나 얕은 물가로 나오면 사람이나 해오라기의 눈에 띄어 목숨을 재촉하는 재앙을 당하게 된다. 그러므로 아무리 제세경국(濟世經國)의 큰 지혜와 재능을 지니고 있을지라도 이를 사람들 눈에 드러내 보여서는 안 되는 것이다.

제78장에는 '약한 것이 강한 것을 이기고 부드러운 것이 굳센 것을 이긴다.'고 하였다.

삼략(三略)에는 '무릇 사람이 道에 머무는 것은 마치 물고기가 물에 머무는 것과 같으니 물을 얻으면 살고 물을 잃으면 죽는다.'고 하였다.

제37장 도상무위(道常無爲)

道常無爲 而無不爲 王侯若能守 萬物將自化 化而欲
도 상 무 위 이 무 불 위 왕 후 약 능 수 만 물 장 자 화 화 이 욕
作 吾將鎭之以無名之樸.
작 오 장 진 지 이 무 명 지 박
無名之樸 亦將不欲 不欲以靜 天下將自正.
무 명 지 박 역 장 불 욕 불 욕 이 정 천 하 장 자 정

　道의 본체는 하는 일이 없지만 하지 않는 일도 없다. 그러므로 君主가
이를 지킬 수 있다면 모든 백성들은 저절로 화육(化育)된다. 화육되고서
도 욕심을 일으키고자 한다면 내 장차 이름도 없는 나뭇등걸로 진정시킬
것이다.
　이름도 없는 나뭇등걸이라면 그들 또한 욕심내지 않을 테지만 욕심내
지 않아 마음이 고요해지면 천하는 저절로 바르게 될 것이다.

【글자 뜻】侯:제후 후.　化:될 화.　鎭:진정할 진.　樸:통나무 박.
【말의 뜻】道常:道의 본체. 道의 참다운 모습.　無不爲:하지 않는 것이 없
　음.　若能守:만일 道를 지킬 수 있다면.　自化:저절로 化育됨.　欲作:
　욕심을 내려고 함.　鎭之:그 욕심을 진정시킴.　無名之樸:이름조차 없
　는 나뭇등걸. 道를 가리킴.　不欲:욕심내지 않음.　自正:저절로 바르게
　됨. 저절로 잘 다스려짐.

【뜻 풀이】이 장에서는 위정자가 無爲自然의 道로 다스리면 나라가 저절
　로 잘 다스려짐을 말한다.
　　天地와 自然은 모든 것을 자연 그대로 맡겨 두어 아무 하는 일이 없

으면서도 실은 천하의 만물이 모두 그 작용에 힘입어 화육(化育)되고 있다. 이것이 바로 無爲이면서 無不爲인 것이다.

공자도 論語 陽貨篇에서 '하늘이 무슨 말씀을 하겠느냐만 네 계절이 운행되고 만물이 생겨난다.(天何言哉 四時行焉 百物生焉)'고 하였다. 여기에서의 天何言哉는 無爲를 가리킨 것이고 四時行焉 百物生焉은 無不爲를 가리킨다 하겠다.

그러므로 만일 君主 된 사람이 이 無爲自然의 道를 지키기만 한다면 마치 풀과 나무들이 하늘과 땅의 작용을 힘입어 저절로 자라나듯이 모든 백성들은 저절로 교화되어 번영을 누리게 될 것이다.

그런데 그들이 번영해 감에 따라 욕심이 생겨 인위적으로 여러 가지 일을 꾀하게 된다면 어떻게 해야 할 것인가? 그럴 때는 아직 인공을 가하지 않아 소박한 채인 이름조차 없는 나뭇등걸, 즉 無爲自然의 道로써 욕심의 불길을 끄도록 해야 한다. 그릇도 아닌 나뭇등걸을 보고 욕심을 일으킬 사람은 아무도 없다. 이렇게 하여 욕심이 사라지면 그들의 마음은 평정을 되찾게 되고, 모든 백성들의 마음이 평정을 되찾게 되면 천하는 저절로 다스려진다.

제28장에 '통나무가 흩어지면 그릇이 된다.'고 하였고, 제32장에서는 '道의 본체는 이름이 없으니 통나무가 비록 작을지라도 천하의 누구라도 감히 신하로 부리지 못한다.'고 하였다. 또 제48장에도 '無爲而無不爲'라고 한 똑같은 말이 있다.

하편
(下篇)

    노자 도덕경 하편 제38장부터 제81장까지는 덕(德), 주로 상덕(上德)과 하덕(下德)에 대하여 언급하면서 '도(道)'가 근본이고 인(仁)·의(義)·예(禮)·지(智)는 그 말단임을 설명한다.

    상편 제1장 첫머리 '도가도(道可道)'의 '도(道)'와 하편 제38장 첫머리 '상덕하덕(上德下德)'의 '덕(德)'을 합쳐 흔히 노자(老子)의 《도덕경(道德經)》이라고 일컫는다.

    상편에서는 주로 '도(道)'를 풀이하고 하편에서는 '덕(德)'을 풀이했지만 반드시 일치된다고는 볼 수 없다.

제38장 상덕부덕(上德不德)

上德不德 是以有德 下德不失德 是以無德.
상 덕 부 덕 시 이 유 덕 하 덕 불 실 덕 시 이 무 덕

上德無爲而無以爲 下德爲之而有以德.
상 덕 무 위 이 무 이 위 하 덕 위 지 이 유 이 덕

上仁爲之而無以爲 上義爲之而有以爲 上禮爲之而莫
상 인 위 지 이 무 이 위 상 의 위 지 이 유 이 위 상 례 위 지 이 막

之應 則攘臂而扔之.
지 응 즉 양 비 이 잉 지

故失道而後德 失德而後仁 失仁而後義 失義而後禮.
고 실 도 이 후 덕 실 덕 이 후 인 실 인 이 후 의 실 의 이 후 례

夫禮者 忠信薄 而亂之首也 前識者 道之華而愚之始也.
부 례 자 충 신 박 이 란 지 수 야 전 식 자 도 지 화 이 우 지 시 야

是以大丈夫 處其厚 不處其薄 處其實 不處其華 故去
시 이 대 장 부 처 기 후 불 처 기 박 처 기 실 불 처 기 화 고 거

彼取此.
피 취 차

뛰어난 德을 지닌 사람은 德을 마음에 두지 않기 때문에 德을 지니게
된다. 그러나 德이 적은 사람은 德을 잃지 않으려고 애쓰기 때문에 德이
없게 마련이다.

뛰어난 德을 지닌 사람은 하는 바가 없으니 인위적인 데가 없고, 德이
적은 사람은 억지로 하여 인위적인 데가 있다.

뛰어난 仁을 지닌 사람은 그것을 하되 인위적인 데가 없고, 뛰어난 義
를 지닌 사람은 그것을 하되 인위적인 데가 있고, 뛰어난 禮를 지닌 사람
은 그것을 하되 이에 응하지 않으면 팔을 걷어붙이고 덤벼든다.

그러므로 道를 잃은 뒤에 德이 생겨나고, 德을 잃은 뒤에 仁이 생겨나
고, 仁을 잃은 뒤에 義가 생겨나고, 義를 잃은 뒤에 禮가 생겨난 것이다.

대저 禮라는 것은 진심과 신의가 엷어져 생겨난 것으로 어지러움의 시초다. 남보다 먼저 깨닫는 지혜는 道의 꽃다움이기는 하지만 어리석음의 시초가 된다.

　이런 까닭으로 대장부는 그 두터움에 처하지 엷음에 처하지 아니하며, 그 근본에 처하지 꽃다움에 처하지 아니한다. 그러므로 저것을 버리고 이것을 취하는 것이다.

【글자 뜻】 失:잃을 실. 禮:예도 례. 應:응할 응. 攘:걷을 양. 臂:팔뚝 비. 扔:당길 잉. 薄:엷을 박. 首:머리 수. 華:빛날 화. 愚:어리석을 우. 厚:두터울 후. 去:버릴 거. 갈 거.

【말의 뜻】 上德:뛰어난 덕을 지닌 사람. 不德:덕으로 여기지 않음. 不失德:덕을 잃지 않으려 함. 약간의 덕을 베풀고도 그것을 잊지 않음. 無以爲:마음을 써서 함이 없음. 上仁:뛰어난 仁. 부모가 자식을 사랑함과 같은 자연적인 仁을 말함. 莫之應:응하지 않음. 이쪽에서 베푼 예의에 저쪽에서 응대함이 없음. 攘臂而扔之:팔뚝을 걷어붙이고 덤벼듦. 亂之首:어지러움의 시초. 前識:남보다 먼저 깨달음. 즉 지혜. 厚‧薄:厚는 忠信을 말하고 薄은 禮를 말함. 實‧華:實은 道의 근본을 말하고 華는 지혜를 말함. 去彼取此:저것을 버리고 이것을 취함. 彼는 禮와 지혜를 말하고 此는 忠信과 道를 말함.

【뜻 풀이】 제1장부터 제37장까지가 상편이고, 이 장부터 끝까지가 하편이다. 제1장 첫머리 '道可道'의 '道'와 이 장 첫머리 '上德不德'의 '德'을 합쳐 흔히 노자의 ≪도덕경≫이라고 일컫는다. 그렇지만 상편에서 주로 '道'를 풀이하고 하편에서 주로 '德'을 풀이했다고 하여 반드시 내용과 일치된다고는 볼 수 없다.

이 장에서는 주로 上德과 下德에 대하여 언급하면서 道가 근본이고 仁 · 義 · 禮 · 智는 그 말단임을 설명하고 있다.

뛰어난 덕을 지닌 사람은 덕을 베풀고도 그것을 의식하지 않기 때문에 항상 덕을 지닐 수 있다. 그러나 덕이 적은 사람은 조금만 덕을 베풀어도 그것을 마음에 새기고 잊지 않기 때문에 덕을 지닐 수 없는 것이다.

뛰어난 덕을 지닌 사람은 덕을 베풀되 인위적으로 베풀지 않기 때문에 그가 베푼 덕을 무엇에 이용하려 하지 않는다. 그러나 덕이 적은 사람은 덕을 인위적으로 베풀기 때문에 그가 베푼 덕을 자기 욕심에 이용하려 한다.

최상의 仁을 지닌 사람은 인위적으로 仁을 실천하지만 그것을 자기 욕심에 이용하려 하지는 않는다. 그러나 최상의 義를 지닌 사람은 인위적으로 義를 실천할 뿐 아니라 그것을 무엇에든지 이용하려 한다. 그리고 최상의 禮를 실천하는 사람에 이르러서는 인위적으로 禮를 실천하고 그것을 무엇에 이용하려 할 뿐 아니라 이쪽에서 베푼 禮만큼 상대방이 응해 오지 않을 때는 팔뚝을 걷어붙이고 시비까지 하려고 덤벼든다.

이것으로 미루어 보면 道가 사라지고 나서 德이 생겼고, 德이 사라지고 나서 仁이 생겼으며, 仁이 사라지고 나서 義가 생겼고, 義가 사라지고 나서 禮가 생겼으며, 禮마저 없어지자 간사한 지혜가 생겨 세상에 횡행하게 된 것이다.

그러므로 禮란 인간의 본성이 상실되어 팔뚝까지 걷어붙이게 되는 어지러움의 시초이며, 지혜란 인류 문화를 화려하게 꽃피워 놓은 반면 스스로의 본성을 잃게 하는 어리석음의 시초이기도 한 것이다.

그러므로 道를 지니고 살아가는 대장부는 근본적인 본성을 지키되 말단적인 禮에 구애되지 않고, 無爲自然의 道를 지키되 인위적인 화려함을 배격하는 것이다. 이리하여 그는 禮와 지혜를 버리고 忠信과 道를 취하는 것이다.

제18장에서는 '위대한 道가 무너지자 仁과 義가 생겨났고, 지혜가 나오자 큰 거짓이 생겨났다.'고 하였다.

제39장 석지득일(昔之得一)

昔之得一者 天得一以淸 地得一以寧 神得一以靈 谷
석지득일자 천득일이청 지득일이녕 신득일이령 곡

得一以盈 萬物得一以生 王侯得一以爲天下貞 其致之
득일이영 만물득일이생 왕후득일이위천하정 기치지

一也.
일야

天無以淸 將恐裂 地無以寧 將恐發 神無以靈 將恐歇
천무이청 장공렬 지무이녕 장공발 신무이령 장공헐

谷無以盈 將恐竭 萬物無以生 將恐滅 王侯無以爲貞
곡무이영 장공갈 만물무이생 장공멸 왕후무이위정

而貴高 將恐蹶.
이귀고 장공궐

故貴以賤爲本 高以下爲基 是以王侯 自謂孤寡不穀
고귀이천위본 고이하위기 시이왕후 자위고과불곡

此非以賤爲本耶 非乎 故致數輿無輿 不欲琭琭如玉
차비이천위본야 비호 고치수여무여 불욕녹록여옥

珞珞如石.
낙락여석

옛날에 '하나'를 얻었다 함은 이런 것이다. 하늘은 '하나'를 얻었기 때문에 맑고, 땅은 '하나'를 얻었기 때문에 안정되고, 신은 '하나'를 얻었기 때문에 신령스럽고, 골짜기는 '하나'를 얻었기 때문에 물이 가득하고, 만물은 '하나'를 얻었기 때문에 생겨나고, 임금은 '하나'를 얻었기 때문에 천하의 법도가 되거니와 이 모든 것은 '하나'가 이루어 주는 것이다.

만일 하늘이 맑음을 얻지 못한다면 쪼개질 것이며, 땅이 안정을 얻지 못한다면 갈라질 것이며, 신이 신령함을 얻지 못한다면 영묘함이 멎을 것이며, 골짜기가 물로 채워짐을 얻지 못한다면 말라붙을 것이며, 만물이 태어남을 얻지 못한다면 멸종될 것이며, 임금이 법도가 되어 고귀함을 얻지 못한다면 자리에서 쫓겨날 것이다.

그러므로 귀한 것은 천한 것으로써 근본을 삼고, 높은 것은 낮은 것으로써 근본을 삼는다. 이런 까닭으로 임금은 스스로를 '고(孤)·과인(寡人)·불곡(不穀)'이라고 이르니 이는 천함으로써 그 근본을 삼기 때문이 아니겠는가? 그러므로 수레도 각 부분을 세려 한다면 수레는 없는 것이며, 한편은 찬란한 구슬처럼 또 한편은 거친 돌처럼 여겨서는 안 된다.

【글자 뜻】靈:신령할 령. 盈:찰 영. 貞:곧을 정. 恐:두려울 공. 裂:찢어질 렬. 歇:쉴 헐. 竭:다할 갈. 滅:멸할 멸. 蹷:거꾸러질 궐. 賤:천할천. 基:근본 기. 터 기. 謂:이를 위. 孤:외로울 고. 寡:적을 과. 穀:착할 곡. 곡식 곡. 耶:어조사 야. 輿:수레 여. 琭:구슬모양 록. 珞:거칠 락.

【말의 뜻】得一:하나를 얻음. 道를 얻음. 天下貞:천하의 법도. 致之一:하나가 이루는 것임. 將恐裂:장차 쪼개질 것임. 貴以賤爲本:귀한 것은 천한 것으로써 근본을 삼음. 孤:외로운 사람. 寡:덕이 적은 사람. 과인. 不穀:착하지 못한 사람. 數輿:수레의 각 부분을 하나하나 따로 셈. 琭琭:구슬이 빛나는 모양. 珞珞:돌의 거친 모양.

【뜻 풀이】 이 장은 노자의 유명한 득일사상(得一思想)을 풀이한 글이다. '一'이란 곧 道요, 道가 만물에게 부여해 주는 기운이다.

이것은 아직 陰과 陽으로 분화하지 않은 상태이기 때문에 둘이 아니고 하나다. 만물은 이 하나를 얻어 본성을 이루고 형체를 이루는 것이므로 거기에는 피차의 구별이 없어 천하의 만물은 일체인 것이다.

옛날 맨 처음에는 虛無自然의 道 하나만 있었으니 이 하나를 얻어 우주와 만물이 이루어졌다.

즉 하늘은 이 하나를 얻어 맑게 되었고, 땅은 이 하나를 얻어 안정하게 되었고, 신은 이 하나를 얻어 신령스럽게 되었고, 골짜기는 이 하나를 얻어 물이 가득 고이게 되었고, 모든 생물은 이 하나를 얻어 생겨났고, 어진 임금은 이 하나를 얻어 천하 만민의 법도가 되었으니 이 모두를 이루어낸 것은 하나, 즉 道인 것이다.

그러므로 만일 하늘이 이 하나를 잃어 맑지 못하다면 깨어지고 말 것이고, 땅이 이 하나를 잃어 안정을 유지하지 못한다면 갈라지고 말 것이며, 신이 이 하나를 잃어 신령스럽지 못하다면 영험한 기운이 멎을 것이고, 골짜기가 이 하나를 잃어 물을 받아들일 수 없다면 말라붙고 말 것이며, 모든 생물이 이 하나를 잃어 생겨나지 않는다면 멸종해 버리고 말 것이고, 임금이 이 하나를 잃어 천하 만민의 법도가 되는 존귀함을 잃는다면 그 자리에서 쫓겨나고 말 것이다.

그러므로 비천함을 근본으로 존귀함이 생겨나고, 낮은 데를 토대로 높은 데가 이루어진 것이다. 이리하여 임금들이 자신을 낮추어 '孤 · 寡人 · 不穀'이라 부르니 이것은 다 비천함을 근본으로 삼기 때문이 아니겠는가?

만일 수레의 각 부분을 떼어 따로따로 생각한다면 어찌 수레가 있을 수 있겠는가? 빛나는 구슬과 거친 돌멩이를 차별하지 않고 이를 하나로 보는 것이 '하나'를 얻는 길인 것이다.

제10장에서는 '육체를 싣고 道를 지니어 지켜 능히 떠나지 않을 수 있겠는가?'라고 하였고, 제22장에서도 '성인은 한결같이 道를 지녀 천하의 법도가 된다.'고 하였다.

제40장 반자도지동(反者道之動)

反者道之動 弱者道之用 天下萬物生於有 有生於無.
반 자 도 지 동 약 자 도 지 용 천 하 만 물 생 어 유 유 생 어 무

돌아감은 道의 움직임이요, 약함은 道의 작용이니 천하의 만물은 有에서 생겨나고 有는 無에서 생겨난다.

【글자 뜻】反:돌이킬 반. 動:움직일 동. 弱:약할 약.

【말의 뜻】反者:고요함으로 돌아감. 道之用:道의 작용. 生於有:有에서 생겨남. 有는 하늘과 땅을 가리킴. 生於無:無에서 생겨남. 無는 虛無의 道를 가리킴.

【뜻 풀이】 이 장에서는 고요함(靜)이 움직임(動)의 근본이며 有가 無에서 생겨났음을 말한다.

無爲自然의 道는 원래 動的인 것이 아니라 靜的인 것이며 道의 작용은 강한 것이 아니라 약하고 부드러운 것이다.

폭풍이 지나면 하늘은 맑아지고 수면은 잔잔해져서 이윽고 거기에 흰 구름과 아름다운 풍경이 거울처럼 비친다. 사람의 마음도 모든 욕심과 감정이 가라앉아 고요할 때 道心은 솟아나기 마련이다.

하늘과 땅이 모든 생물을 길러낼 때도 떠들썩하지 않고 강한 힘을 행사하지도 않는다. 사람도 암컷처럼 연약하고 온순한 마음을 지닐 때 마음으로부터 그를 따르게 된다.

이 세상 만물은 天地에서 생겨나지만 하늘과 땅은 다 같이 虛無에

서 생겨난 것이다.

　제1장에서도 '이름조차 없음은 하늘과 땅의 시작이고, 이름이 있음
은 만물의 어머니이다.' 라고 하였다.

제41장 상사문도(上士聞道)

上士聞道 勤而行之 中士聞道 若存若亡 下士聞道 大
상사문도 근이행지 중사문도 약존약망 하사문도 대
笑之 不笑 不足以爲道.
소지 불소 부족이위도
故建言有之 明道若昧 進道若退 夷道若類 上德若谷
고건언유지 명도약매 진도약퇴 이도약뢰 상덕약곡
太白若辱 廣德若不足 建德若偸 質直若渝 大方無隅
태백약욕 광덕약부족 건덕약투 질직약유 대방무우
大器晚成 大音希聲 大象無形.
대기만성 대음희성 대상무형
道隱無名 夫唯道善貸且成.
도은무명 부유도선대차성

상등의 선비는 道를 들으면 힘써 이를 행하고, 중등의 선비는 道를 들으면 마음에 두는 듯 마는 듯하며, 하등의 선비는 道를 들으면 크게 웃으니 그들에게 웃음 받지 않는다면 道라 하기에 부족한 것이다.

그러므로 옛사람이 한 말에 이런 것이 있다.

"밝은 道는 어두운 것 같고, 나아가는 道는 물러서는 것 같고, 평탄한 道는 울퉁불퉁한 것 같고, 뛰어난 덕은 골짜기와 같고, 너무 흰 것은 더러운 것 같고, 넓은 덕은 모자라는 것 같고, 확고하게 세운 덕은 일시적인 것 같고, 소박하고 곧은 것은 변하는 것 같고, 큰 네모에는 구석이 없고, 큰 그릇은 늦게 이루어지고, 큰 소리는 들리지 않고, 큰 형상은 형태가 없다."

道는 숨겨져 있어 이름 지을 수 없다. 무릇 道는 잘 빌려 주어 잠시 이루어지게 할 따름이다.

【글자 뜻】 士:선비 사. 勤:힘쓸 근. 부지런할 근. 存:있을 존. 亡:없을

무. 망할 망. 笑:웃을 소. 建:세울 건. 昧:어두울 매. 夷:편안할 이.
오랑캐 이. 纇:치우칠 뢰. 같을 류. 退:물러갈 퇴. 太:심할 태. 콩 태.
辱:더럽힐 욕. 욕될 욕. 偷:엷을 투. 質:소박할 질. 渝:변할 유. 方:
모 방. 隅:구석 우. 晩:늦을 만. 希:적을 희. 바랄 희. 象:형상 상.
隱:숨을 은. 唯:오직 유. 貸:빌릴 대. 且:잠깐 차. 또 차.

【말의 뜻】 上士:상등의 선비. 勤而行之:힘써 행함. 若存若亡:두는 듯 마
는 듯함. 大笑之:크게 웃음. 建言:옛 사람이 법도로 세운 말. 立言.
明道若昧:밝은 道는 어두운 것 같음. 夷道若纇:평탄한 道는 울퉁불퉁
한 것 같음. 上德若谷:뛰어난 덕은 골짜기 같음. 太白若辱:너무 흰
것은 더러운 것 같음. 建德若偷:세운 덕은 엷은 것 같음. 質直若渝:
소박하고 곧은 것은 변하는 것 같음. 大方無隅:크게 네모진 것은 구
석이 없음. 大音希聲:큰 소리는 소리가 들리지 않음. 大象無形:큰 형
상은 형태가 없음. 道隱無名:道는 숨겨져서 이름이 없음. 善貸且成:
잘 빌려 주어 잠시 이루게 함.

【뜻 풀이】 이 장에서는 道는 숨겨져 사람들 눈에 보이지 않고 사람들 귀
에 들리지 않으나 그 작용이 무한하여 만물을 이루어냄을 말한다.
　상등의 선비는 노자의 道를 들으면 이를 실천하기 위하여 노력한
다. 그런데 중등의 선비는 道를 들으면 반신반의하기 때문에 道가 그
사람의 마음에 있는 것도 같고 없는 것도 같다. 그리고 하등의 선비는
道를 들으면 이를 일소에 붙여버린다. 그렇지만 虛無의 道는 玄妙하
기 이를 데 없어 사람들이 쉽게 깨달을 수 없는 법이다. 그러니 道가
저 어리석은 하등 선비들에게 비웃음을 받지 않는다면 어찌 참다운
道가 될 수 있겠는가?
　옛사람들이 세워 놓은 진리의 말에 다음 열두 가지가 있다.

① 明道若昧 — 밝은 道를 지닌 사람은 우매한 것 같다. 밝은 道를 지닌 사람은 자신의 밝은 지혜를 안에 감추고 겉으로 드러내지 않는다. 이는 제4장의 '나의 밝은 빛 감추고서 티끌 세상과 뒤섞인다.(和其光 同其塵)'와 같은 뜻이다.

② 進道若退 — 道를 지니고 나아가는 사람은 뒤로 물러나는 것 처럼 보인다. 道를 지닌 사람은 자신을 낮추고 뒤로 물러나 세속의 안목으로 볼 때는 후퇴하는 것 같지만 그럴수록 그의 덕은 높이 올라가 사람들의 존경을 받게 된다.

③ 夷道若類 — 평탄한 道는 울퉁불퉁한 것 같다. 無爲自然의 공평한 道는 自然 그대로여서 높거나 낮기도 하니 얼핏 보기에는 평탄치 못한 것 같지만 그러면서도 질서가 유지되고 공평무사(公平無私)함이 이루어진다.

④ 上德若谷 — 뛰어난 덕은 골짜기와 같다. 골짜기는 낮은 곳에 텅비어 있어서 모든 청탁(淸濁)과 미추(美醜)를 가리지 않고 받아들인다. 뛰어난 덕을 지닌 사람도 이와 똑같다. 제38장에서도 '뛰어난 덕을 지닌 사람은 덕을 마음에 두지 않기 때문에 덕을 지니게 된다.(上德不德 是以有德)'고 하였다.

⑤ 太白若辱 — 뛰어나게 흰 것은 더러운 것처럼 보인다. 道를 지닌 사람은 자신이 아무리 결백해도 결백한 체하지 않고 무리에 섞여 있다. 그렇지만 돌 속에 박힌 구슬이나 진흙에서 솟아나는 연꽃처럼 그 깨끗한 본성은 잃지 않는다.

⑥ 廣德若不足 — 넓은 덕은 모자라는 것처럼 보인다. 道를 지닌 사람은 아무리 덕이 넉넉할지라도 공평무사하게 널리 펴기에, 욕심 많고 소견 좁은 무리의 눈에는 자기에게 어떤 특혜가 없으면 덕이 모자라는 것처럼 보이게 마련이다. 장자(莊子)에도 '성한 덕은 모자라는

것 같다.(盛德若不足)'고 하였다.

⑦ 建德若偸 ─ 확고하게 세운 덕은 일시적인 것처럼 보인다. 확고 부동한 덕을 지닌 사람은 예절 같은 인위적이고 말단적인 것에 구애 하지 않고 自然에 따라 행동하므로 다가가기가 쉬워, 얼핏 보면 임기 응변으로 오해하기 쉽다.

⑧ 質直若渝 ─ 소박하고 곧은 것은 변하는 것처럼 보인다. 소박하 여 조금도 꾸밈이 없는 사람은 자기 고집을 내세우지 않고 自然에 따라 행동하기에 얼핏 보면 주관이 없는 사람처럼 보이기 쉽다.

⑨ 大方無隅 ─ 큰 네모는 구석이 없다. 옛날에는 천원지방(天圓地 方)이라고 하여 하늘은 둥글고 땅은 네모나다고 생각했다. 그렇지만 우리의 육안으로는 지구가 둥근지 모났는지 알 길이 없다. 더구나 虛 無의 道를 어찌 어림짐작이나 할 수 있으랴!

⑩ 大器晩成 ─ 큰 그릇은 늦게 이루어진다. 진정 道를 지니고 사는 위대한 인물은 남들보다 大成하는 것이 늦어지게 마련이다.

⑪ 大音希聲 ─ 큰 소리는 소리가 없다. 모든 소리의 어머니인 道의 소리는 아무리 귀 기울여도 들을 수 없다. 제14장에서도 '道는 그것을 보려 해도 보이지 않는지라 이름 하여 빛깔 없는 것이라 하고, 들으려 해도 들리지 않는지라 이름 하여 소리 없는 것이라 한다.'고 하였다.

⑫ 大象無形 ─ 큰 형상은 형태가 없다. 하늘과 땅과 이 세상의 만 물은 모두 道에서 나왔다. 그러나 道의 모습은 형상이 없어 눈에 보이 지 않는다. 제14장에서도 '그것을 잡으려 해도 잡히지 않는지라 이름 하여 형체 없는 것이라 한다.'고 하였다.

이와 같이 道는 언제나 숨겨져 있어 그 이름조차 붙일 길이 없다. 그러면서도 그 힘을 빌려 주어 만물이 생겨나고 자라게 하는 위대함 을 지니고 있는 것이다.

제42장 도생일(道生一)

道生一 一生二 二生三 三生萬物 萬物負陰而抱陽 沖
도 생 일 일 생 이 이 생 삼 삼 생 만 물 만 물 부 음 이 포 양 충

氣以爲和.
기 이 위 화

人之所惡 唯孤寡不穀 而王公以爲稱 故物或損之而益
인 지 소 오 유 고 과 불 곡 이 왕 공 이 위 칭 고 물 혹 손 지 이 익

益之而損.
익 지 이 손

人之所敎 我亦敎之 强梁者不得其死 吾將以爲敎父.
인 지 소 교 아 역 교 지 강 량 자 부 득 기 사 오 장 이 위 교 부

道는 하나를 낳고, 하나는 둘을 낳고, 둘은 셋을 낳고, 셋은 만물을 낳
았으니 만물은 陰을 등지고 陽을 안아 虛無의 기운으로써 조화를 삼는다.

사람이 싫어하는 바는 오직 고아와 과부와 가난인데 임금이 이것으로
칭호를 삼으니 사물이란 그것을 덜어내면 보태어지고 보태면 줄어들게
마련이다.

남들이 가르치는 바를 내 또한 가르치려 하니 '힘이 많고 강한 자는 자
신의 죽음을 얻지 못한다.'고 한다. 내 이 말로써 장차 가르침의 근본으
로 삼으려 한다.

【글자 뜻】負:질 부. 抱:안을 포. 沖:빌 충. 和:화할 화. 惡:싫어할 오.
악할 악. 唯:오직 유. 稱:일컬을 칭. 損:덜 손. 益:더할 익. 梁:힘
셀 량.

【말의 뜻】道生一:道는 하나를 낳음. 一은 太極. 一生二:하나는 둘을 낳
음. 二는 陰陽. 天地. 二生三:둘은 셋을 낳음. 三은 天地人. 負陰而抱

陽:음을 등지고 양을 안음. 등은 뒤에 있어 고요하며 耳目口鼻는 앞에 안고 있어 움직임. 沖氣:허한 기운. 混沌의 기운. 損之而益:덜어내면 보태어짐. 强梁:힘이 세고 강함. 柔弱의 반대. 教父:가르침의 근본.

【뜻 풀이】 이 장에서는 道의 본체는 虛無로써 이는 만물의 근본이니 사람도 마땅히 이를 체득하여 柔弱을 존중하고 强梁을 물리쳐야 함을 말한다.

道는 원래 無이지만 하나인 有는 이 無에서 생겨났으니 이것이 유교철학에서 말하는 太極이다. 그리고 이 有 — 太極 — 에서 陰과 陽 — 天地 · 父母 — 이 생겨나고, 陰과 陽의 두 기운이 상교(相交)하여 人 — 子 — 이 생겨나고, 여기에서 만물이 생겨나, 새는 하늘을 날고 짐승과 벌레는 땅에서 기며 산은 솟고 물은 흘러 삼라만상이 각기 제자리를 얻게 된 것이다.

그런데 만물은 陰을 등지고 陽을 안아서 하나인 虛無의 기운으로 陰陽의 두 기운을 조화시킬 때 비로소 生을 얻게 된다.

사람이나 짐승은 뒤에 등이 있어 陰이 되고 耳目口鼻는 앞에 있어 陽을 이루며, 草木은 추운 북쪽을 陰으로 등지고 따뜻한 남쪽을 陽으로 향하여 가지와 잎이 무성하게 된다.

그리고 虛無의 기운이 이 陰陽의 두 기운 사이에서 조화를 이루면 번성하고 陰陽이 조화를 잃으면 죽어버리게 된다.

이와 같이 만물이 태어나고 자라는 것은 虛無의 道인 하나에 근본을 둔다. 그런데 이 虛無의 道는 無爲自然으로 한없이 부드럽고 약하고 겸손하다.

만인 가운데 가장 존귀한 자리에 있는 임금이 일찍 부모를 잃은 고아(孤), 젊어서 남편을 잃은 과부(寡), 녹을 받지 못하는 가난한 사람

(不穀)을 뜻하는 말로써 자신을 일컫는 호칭에 쓰는 것은 모두 이 虛無의 道를 존중하기 때문이다.

이와 같이 자신을 낮추고 겸손하게 덜어내려고 하면 할수록 보태어지고, 자신을 높이고 오만하게 보태려 하면 할수록 덜어지게 되는 것이 虛無自然의 道다.

'힘이 강하고 굳센 자는 제 명을 누리지 못한다.'고 하였거니와 나도 이 말을 가르침의 근본으로 삼으려고 한다.

제39장에서도 '귀한 것은 천한 것으로 근본을 삼고 높은 것은 낮은 것으로 근본을 삼는다. 이런 까닭으로 임금은 스스로를 고(孤)·과인(寡人)·불곡(不穀)이라고 칭한다.'고 하였다.

제43장 천하지지유(天下之至柔)

> 天下之至柔 馳騁天下之至堅 無有入於無間 吾是以知
> 천 하 지 지 유 치 빙 천 하 지 지 견 무 유 입 어 무 간 오 시 이 지
>
> 無爲之有益.
> 무 위 지 유 익
>
> 不言之敎 無爲之益 天下希及之.
> 불 언 지 교 무 위 지 익 천 하 희 급 지

천하에서 제일 부드러운 것은 천하에서 제일 굳은 것을 마음대로 부리고, 형체가 없는 것은 틈이 없는 데까지 들어간다. 내 이런 까닭으로 인위적으로 하지 않음이 유익하다는 것을 알겠다.

말이 없는 가르침과 인위적으로 하지 않는 유익함, 천하에는 이에 미칠 만한 것이 없다.

【글자 뜻】馳:달릴 치. 騁:달릴 빙. 堅:굳을 견. 益:더할 익. 希:드물 희. 바랄 희.

【말의 뜻】至柔:지극히 부드러운 것. 馳騁:마음대로 부림. 無有:형체가 없는 것. 入於無間:틈이 없는 데까지 들어감. 無爲之有益:인위적으로 하지 않는 것의 유익함. 不言之敎:말 없는 가운데 교화를 베풂. 希及之:이에 따를 것이 없음.

【뜻 풀이】이 장에서는 道를 물에 비유하여 無爲와 不言의 공이 큼을 말한다.

세상에서 가장 부드러운 물은 세상에서 가장 강한 바위를 깎아 자갈이나 모래로 만든다. 그리고 형체가 없는 물이나 빛은 아무리 작은

틈이라도 뚫고 들어간다. 이로 미루어 볼지라도 인위적인 데가 없는 부드럽고 약한 無爲가 유익하지 아니한가!

임금이 말없는 가운데 백성들을 교화시키는 일과 인위적으로 하지 않음의 유익함, 無爲自然의 道에 이르는 데는 이 두 가지보다 나은 길이 없다.

제78장에서도 '세상에서 부드럽고 약하기로는 물보다 더한 것은 없다. 그러면서도 굳고 강한 것을 공격하는 데는 이보다 더 나은 것이 없으니 이는 물보다 부드럽고 약한 것은 없기 때문이다.'고 하였다.

제44장 명여신(名與身)

名與身孰親 身與貨孰多 得與亡孰病 是故甚愛必大費
명 여 신 숙 친　신 여 화 숙 다　득 여 망 숙 병　시 고 심 애 필 대 비
多藏必厚亡.
다 장 필 후 망
知足不辱 知止不殆 可以長久.
지 족 불 욕　지 지 불 태　가 이 장 구

　명예와 몸 어느 것이 나에게 가깝고, 몸과 재물 어느 것이 나에게 소중
하고, 얻음과 잃음 어느 것이 나에게 해로운가? 이런 까닭으로 지나치게
사랑하면 반드시 크게 소비하고, 많이 간수하면 반드시 크게 잃게 된다.
　만족할 줄 알면 욕됨이 없고 그칠 줄 알면 위태하지 않으니 오래갈 수
있다.

【글자 뜻】孰:누구 숙. 貨:재물 화. 多:나을 다. 亡:잃을 망. 病:욕될
　병. 병들 병. 費:쓸 비. 藏:간직할 장. 辱:욕될 욕. 止:그칠 지. 殆:
　위태할 태. 久:오랠 구.

【말의 뜻】名與身:명예와 몸. 孰親:어느 것이 나에게 가까운가? 身與貨:
　몸과 재물. 孰多:어느 것이 나에게 소중한가? 得與亡:얻음과 잃음.
　孰病:어느 것이 나에게 해로운가? 甚愛必大費:지나치게 명예를 사랑
　하면 반드시 크게 소비함. 多藏必厚亡:재물을 많이 간직하면 반드시
　크게 망함. 知足不辱:만족할 줄 알면 욕됨이 없음. 知止不殆:그칠 줄
　알면 위태하지 아니함.

【뜻 풀이】이 장에서는 명예와 재물을 버리고 분수를 지켜 만족함을 아는

것이 장구할 수 있는 길임을 말한다.

세상 사람들이 추구하는 명예와 내 몸은 어느 것이 나에게 더 가까운가? 또 내 몸과 세상 사람들이 탐내는 재물은 어느 것이 나 자신을 위하여 더 소중한가? 그러면 명예와 재물을 얻는 것과 내 몸을 잃는 것은 어느 것이 나에게 유익하고 해로운가?

말할 것도 없이 명예나 재물보다는 내 몸이 나에게 더 가깝고 소중하고 유익하지 아니한가?

지나치게 명예를 사랑하여 애착을 가지면 반드시 정력을 소모함이 크고, 재산을 많이 가지려고 욕심을 내면 반드시 몸까지 잃게 된다.그러므로 만족할 줄 알아야 몸을 욕되게 하지 않고, 그칠 줄 알아야 몸을 위태롭게 하지 않고 몸을 오래도록 지닐 수 있는 것이다.

전한서(前漢書)에 이런 이야기가 있다. 宣帝 때 소광(疏廣)과 소수(疏受), 두 숙질이 太子의 스승이 되자 조정에 있는 사람들이 그 영예를 부러워하고 시기하였다.

어느 날 소광이 소수에게 말하기를,

'내 듣기로 족함을 알면 욕됨이 없고, 그칠 줄 알면 위태하지 않고, 공을 이루며 스스로 물러남이 하늘의 道라 하니(吾聞 知足不辱 知止不辱 功遂身退 天之道也), 어찌 고향으로 돌아가 天命을 다하지 않으리오.'

하여 마침내 벼슬을 버리고 고향으로 돌아가 유유자적한 여생을 보내며 천수를 누렸다고 한다.

제46장에서도 '만족함을 모르는 것보다 더 큰 재앙이 없고, 얻으려는 욕심보다 더 큰 허물이 없다.(禍莫大於不知足 咎莫大於欲得)'고 하였다.

제45장 대성약결(大成若缺)

大成若缺 其用不敝 大盈若沖 其用無窮 大直若屈 大
대성약결 기용불폐 대영약충 기용무궁 대직약굴 대

巧若拙 大辯若訥.
교약졸 대변약눌

躁勝寒 靜勝熱 淸靜爲天下正.
조승한 정승열 청정위천하정

크게 이룬 것은 모자라는 것 같지만 그 쓰임이 끝남이 없고, 크게 가득
찬 것은 빈 것 같지만 그 쓰임이 다함이 없다. 크게 곧은 것은 굽은 것 같
고, 크게 교묘함은 서툰 것 같고, 크게 말 잘함은 말더듬이 같다.

시끄러우면 추위를 이기나 고요하면 더위를 이긴다 하니 맑고 고요함
은 천하의 正道가 된다.

【글자 뜻】缺:이지러질 결. 敝:폐할 폐. 盈:찰 영. 沖:빌 충. 直:곧을
직. 屈:굽을 굴. 巧:공교할 교. 拙:서툴 졸. 辯:말 잘할 변. 訥:말
더듬을 눌. 躁:시끄러울 조. 靜:고요 정.

【말의 뜻】大成若缺:크게 이룬 것은 모자람이 있는 것 같음. 其用不敝:
그 쓰임이 끝이 없음. 大盈若沖:크게 가득 찬 것은 빈 것 같음. 不窮:
끝이 없음. 무궁무진함. 大直若屈:크게 곧은 것은 굽은 것 같음. 大
巧若拙:크게 공교한 것은 서툰 것 같음. 大辯若訥:크게 말 잘함은 말
더듬이 같음. 躁勝寒:시끄러움은 추위를 이김. 靜勝熱:고요함은 더
위를 이김. 淸靜爲天下正:맑고 고요함은 천하의 正道가 됨.

【뜻 풀이】 이 장에서는 道는 부드럽고 소극적이며, 맑고 고요함이야말로

道의 올바른 길임을 말한다.

　크게 완성된 사람은 스스로 겸손하여 결점이 많고 어리석은 것처럼 보이나 그 덕은 아무리 써도 바닥이 나지 않는다. 道의 기운은 우주에 꽉 차 있지만 無形이기 때문에 텅 빈 것처럼 보이나 그 작용은 무궁무진하다.

　크게 곧은 사람은 곧은 체하지 않기 때문에 굽은 것처럼 보이고, 크게 재주 있는 사람은 스스로 자랑하지 않기 때문에 재주 없는 것처럼 보이고, 크게 말 잘하는 사람은 함부로 말하지 않기 때문에 언변이 없는 것처럼 보인다. 이들은 다 無爲自然의 道를 따르고 지키는 것이다.

　그런데 세상 사람들은 어떠한가? 날씨가 추우면 몸을 시끄럽게 움직여 추위를 이긴다. 하지만 이것은 인위적인 것이기 때문에 이윽고 추위를 더 느끼게 된다. 이와 반대로 道를 따르는 사람은 찌는 듯한 더위 속에서도 조용히 앉아 더위를 잊는다. 이것은 無爲이기 때문에 능히 더위를 이겨낼 수 있는 것이다.

　세속에 물든 사람들은 명예와 재물을 탐내어 동분서주하며 몸과 마음을 수고롭게 하지만, 道를 지켜 나가는 사람은 언제나 몸과 마음을 맑고 고요하게 지녀 無爲自然의 道의 진리를 따른다.

　제4장에서도 '道는 텅 비었으되 아무리 써도 항상 차는 일이 없으니 깊고 깊어서 만물의 근원 같도다.'고 하였다.

제46장 천하유도(天下有道)

天下有道 却走馬以糞 天下無道 戎馬生於郊.
천 하 유 도 각 주 마 이 분 천 하 무 도 융 마 생 어 교
禍莫大於不知足 咎莫大於欲得 故知足之足常足矣.
화 막 대 어 부 지 족 구 막 대 어 욕 득 고 지 족 지 족 상 족 의

천하에 道가 있으면 달리는 말을 돌려 밭을 갈지만, 천하에 道가 없으
면 군마(軍馬)가 전쟁터에서 새끼를 낳는다.

만족함을 모르는 것보다 더 큰 재앙이 없고, 얻으려는 욕심보다 더 큰
허물이 없다. 그러므로 만족할 줄 아는 족함이라야 항상 풍족하다.

【글자 뜻】却:뒤집을 각. 走:달릴 주. 糞:북돋울 분. 똥 분. 戎:군사 융.
郊:들 교. 싸움터 교. 咎:허물 구.

【말의 뜻】却走馬以糞:싸움터의 말을 돌려 밭 갈게 함. 戎馬:軍馬. 生於
郊:싸움터에서 새끼를 낳음. 禍莫大於:~보다 큰 재앙이 없음. 不知
足:만족함을 알지 못함. 欲得:얻으려고 욕심을 냄. 足之足:만족하는
만족. 常足:항상 만족함.

【뜻 풀이】이 장에서는 욕심의 폐단과 만족할 줄 아는 원리를 말한다.

천하에 無爲의 道가 행해져 평화로울 때면 빨리 달리는 군마가 쓸
데 없어 논밭을 갈게 되지만, 無爲의 道가 없어지고 임금들이 영토 확
장에 욕심을 내면 농사짓던 말까지 군마로 동원되어 여러 해 동안의
난리로 말이 전쟁터에서 새끼를 낳게 된다.

사람의 욕심이 한이 없어 만족할 줄 모르는 것은 재앙의 근원이며,

명예나 재물을 탐내다가 몸을 망치게 된다. 그러므로 스스로 만족할 줄 아는 풍족함이라야 언제나 풍족할 수 있다.

　제12장에서는 '얻기 어려운 귀한 재물은 사람의 행동을 비뚤어지게 만든다.'고 하였고 제44장에서도 '만족할 줄 알면 욕됨이 없고 그칠 줄 알면 위태하지 않으니 오래갈 수 있다.'고 하였다.

제47장 불출호(不出戶)

不出戶知天下 不窺牖見天道 其出彌遠其知彌少 是以
불출호지천하 불규유견천도 기출미원기지미소 시이

聖人 不行而知 不見而名 不爲而成.
성인 불행이지 불견이명 불위이성

문을 나가지 않고도 천하를 알 수 있고, 창문으로 엿보지 않고도 하늘
의 道를 알 수 있다. 멀리 나갈수록 그 앎이 더욱 적어진다. 이런 까닭으
로 성인은 나가지 않고도 알며, 보지 않고도 밝게 살피며, 하지 않고도
이루어낸다.

【글자 뜻】 戶:지게 호. 窺:엿볼 규. 牖:들창 유. 彌:더욱 미. 名:밝을
   명. 이름 명.

【말의 뜻】 不出戶:문을 나가지 않음. 不窺牖:창문으로 엿보지 않음. 其
   出彌遠:점점 멀리 나갈수록. 其知彌少:그 앎이 더욱 적어짐. 不行而
   知:나가지 않고도 앎. 不見而名:보지 않고도 밝게 살핌. 名은 明察의
   뜻. 不爲而成:하지 않고도 이룸.

【뜻 풀이】 이 장에서는 성인은 無爲自然의 道를 마음에 지니고 있기에 하
   지 않고도 공을 이룸을 말한다.

   세상 사람들은 문밖에 나가야 비로소 세상 물정을 알고 창문 밖을
   내다보고서야 비로소 하늘의 道의 변화를 안다. 그렇지만 虛無의 道
   를 체득한 사람은 언제나 道의 근본을 잡고 말단을 쫓지 않기 때문에
   문밖에 한 발짝 나서지 않고도 세상 이치를 환히 알고, 창밖을 내다보

지 않고도 하늘의 온갖 변화를 밝게 알 수 있다.

맹자도 盡心篇 上에서 '만물은 다 나에게 갖추어져 있다.'고 말했지만 세상의 이치와 하늘의 道는 본래 내 마음에서 비롯되는 것이므로 나에게서 멀리 떠나면 떠날수록 그 실정은 더욱더 알 수 없게 된다.

그러므로 無爲自然의 道를 체득한 사람은 문밖에 나가지 않아도 세상일을 다 알고, 창밖을 내다보지 않아도 하늘의 道를 밝게 알아 아무 하는 일이 없어도 공이 저절로 이루어지게 되는 것이다.

논어 里仁篇에서 '공자님의 道는 성실과 용서일 따름이다.'라 하였고 또 衛靈公篇에서는 '말이 성실하고 미더우며 행실이 도탑고 공경스러우면 비록 오랑캐 나라에서도 행해진다.'고 하였다.

제48장 위학일익(爲學日益)

爲學日益 爲道日損 損之又損 以至無爲 無爲而無不爲.
위 학 일 익 위 도 일 손 손 지 우 손 이 지 무 위 무 위 이 무 불 위
故取天下 常以無事 及其有事 不足以取天下.
고 취 천 하 상 이 무 사 급 기 유 사 부 족 이 취 천 하

학문을 배우면 날로 늘어나나 道를 닦으면 날로 줄어드니, 줄이고 또
줄이면 無爲에 이르게 되고, 無爲라야 하지 못하는 일이 없게 된다.

그러므로 천하를 취함에는 항상 無爲로써 한다. 그 有爲에 이르게 되면
천하를 취하지 못한다.

【글자 뜻】益:더할 익. 損:덜 손. 取:취할 취. 常:항상 상. 及:미칠 급.
足:족할 족. 발 족.

【말의 뜻】爲學:학문을 배움. 學은 세속적인 학문의 뜻. 제20장의 絕學無
憂의 學과 같음. 日益:날로 지혜가 늘어남. 爲道日損:道를 닦으면 날
로 줄어듦. 損之又損:줄이고 또 줄임. 以至無爲:無爲에 이르게 됨.
無爲而無不爲:無爲면 하지 못함이 없이 다 이루어냄. 無事:無爲와 같
음. 有事:有爲. 人爲的으로 함.

【뜻 풀이】이 장에서는 앞 장의 '不爲而成'에 이어서, 날마다 道를 닦아
지혜와 욕심을 덜어내면 드디어 無爲에 이르러 천하가 저절로 다스려
짐을 말한다.

道의 근본을 무시하고 말단적인 학문을 배우는 사람은 날이 갈수록
지혜와 욕심이 늘어, 덕으로 천하를 다스리려 하지 않고 법률과 예법

으로 다스리려 한다.

그러나 無爲의 道를 닦는 사람은 날이 갈수록 지혜와 욕심을 덜어내니 이처럼 줄이고 또 줄이면 드디어 無爲에 이르게 된다.

이 無爲自然의 덕이야말로 모든 것을 이루어낸다. 저 하늘과 땅은 인위적으로 일하지 않지만 계절을 운행하여 만물을 낳고 길러 봄이면 꽃이 피고 가을이면 열매를 맺게 한다. 그러므로 천하의 민심을 모으는 것은 언제나 無爲로 얻게 된다. 인위적인 법률이나 명령으로 사람들을 복종시킬 수 있겠지만 마음에서 우러나 따르게 할 수는 없다.

제19장에서도 '현성함을 끊고 지혜를 버리면 백성들의 이익이 백배나 더하고, 仁을 끊고 義를 버리면 백성들이 효도와 사랑으로 돌아가고, 잔재주를 끊고 이욕을 버리면 도둑이 없어질 것이다.' 라고 하였다.

또 제47장에서도 '성인은 나가지 않고도 알며, 보지 않고도 밝게 살피며, 하지 않고도 이루어낸다.' 고 하였다. 그리고 제29장에서도 '장차 천하를 얻고자 애쓰는 이들, 내 그 얻지 못함을 보았을 뿐이다. 천하는 신령스러운 그릇이라 인위적으로는 되지 않는 법이다. 인위적으로 하는 자는 실패하고, 인위적으로 잡는 자는 그것을 잃는다.' 고 하였다.

제49장 성인무상심(聖人無常心)

> 聖人無常心 以百姓心爲心.
> 성 인 무 상 심 이 백 성 심 위 심
>
> 善者吾善之 不善者吾亦善之 德善矣.
> 선 자 오 선 지 불 선 자 오 역 선 지 덕 선 의
>
> 信者吾信之 不信者吾亦信之 德信矣.
> 신 자 오 신 지 불 신 자 오 역 신 지 덕 신 의
>
> 聖人之在天下 歙歙爲天下渾其心 百姓皆注其耳目 聖
> 성 인 지 재 천 하 흡 흡 위 천 하 혼 기 심 백 성 개 주 기 이 목 성
>
> 人皆孩之.
> 인 개 해 지

성인은 고집스러운 마음이 없이 백성의 마음을 마음으로 삼는다.

내가 선한 자를 선하게 여기고 선하지 않은 자도 선하게 여기는 것은
덕이 선하기 때문이다.

내가 진실한 자를 진실하게 여기고 진실하지 못한 자도 진실하게 여기
는 것은 덕이 진실하기 때문이다.

성인이 천하를 다스림에는 줏대 없이 천하를 위하여 그 마음을 혼돈하
게 한다. 백성들이 모두 그들의 귀와 눈을 기울일지라도 성인은 그들을
갓난아이처럼 다룬다.

【글자 뜻】常:항상 상. 信:진실할 신. 歙:거둘 흡. 渾:섞일 혼. 注:쏟을
주. 孩:갓난아이 해.

【말의 뜻】聖人:덕과 왕위를 아울러 지닌 성인. 常心:변함없는 마음. 고
집스러운 마음. 以百姓心爲心:백성의 마음을 마음으로 삼음. 德善
矣:사람의 본성은 착하기 때문임. 信者:진실한 사람. 德信矣:사람의

본성은 진실하기 때문임. 在天下:천하를 다스림에 있어서. 歙歙:마음에 줏대가 없는 모양. 渾其心:마음이 차별 없이 뒤섞인 모양. 注其耳目:귀와 눈을 기울임. 皆孩之:갓난아이처럼 다룸.

【뜻 풀이】 이 장에서는 어진 임금은 고집을 부리지 않고 백성들의 마음을 자기 마음으로 삼고서 덕으로 다스림을 말한다.

덕을 지닌 어진 임금은 자기의 고집스러운 마음을 버리고 백성의 마음을 자신의 마음으로 삼는다. 그래서 선량한 백성은 물론이고 선량하지 않은 백성까지 선량하게 생각한다. 왜냐하면 그 본성 역시 선량한 것이기 때문이다. 또 진실한 백성을 진실하게 여김은 물론, 진실하지 못한 백성까지도 진실하게 여긴다. 왜냐하면 그 본성은 진실한 것이기 때문이다.

어진 임금이 천하를 다스림에는 고집스러운 마음 없이 천하의 백성을 위하여 자신의 마음을 차별 없이 뒤섞이게 한다. 그리하여 백성이 그들의 귀와 눈이 좋아하는 것을 따라 욕심을 내고 방탕한 생활을 할지라도 임금은 그들을 천진난만한 갓난아이처럼 다스리는 것이다.

대학(大學)에서도 '백성들이 좋아하는 바를 좋아하고 백성들이 싫어하는 바를 싫어하는 것, 이를 백성의 부모라고 말한다.' 고 하였다.

제27장에서도 '성인은 항상 사람들을 잘 구원하기 때문에 버려지는 사람이 없고, 항상 사물들을 잘 구원하기 때문에 버려지는 사물이 없게 된다.' 고 하였다.

제20장에서도 '나만 홀로 고요히 움직일 기색도 없이 웃을 줄 모르는 어린아이 같고, 어릿어릿 돌아갈 곳 없는 사람 같구나. 사람들은 모두 여유가 있는데 나만 홀로 잃어버린 것 같도다.' 라고 하였다.

그리고 제25장에서도 '뒤엉킨 한 사물이 있어 하늘과 땅보다 먼저 생겨났는데, 고요하고 쓸쓸하여 소리도 없고 형체도 없건만 홀로 우뚝 서서 영원히 변함이 없으며 모든 것에 두루 행하여 잠시도 그침이 없으니 가히 천하 만물의 어머니라 할 만하다.' 고 하였다.

제50장 출생입사(出生入死)

出生入死 生之徒十有三 死之徒十有三 人之生動之死
출생입사 생지도십유삼 사지도십유삼 인지생동지사

地 亦十有三 夫何故 以其生生之厚.
지 역십유삼 부하고 이기생생지후

蓋聞 善攝生者 陸行不過兕虎 入軍不被甲兵 兕無所
개문 선섭생자 육행불우시호 입군불피갑병 시무소

投其角 虎無所措其爪 兵無所容其刃.
투기각 호무소조기조 병무소용기인

夫何故 以其無死地焉.
부하고 이기무사지언

　나오면 살고 들어가면 죽는데 사는 무리가 열에 셋 있고 죽는 무리가
열에 셋 있으며, 사람의 삶을 움직여 사지로 가는 것 또한 열에 셋 있으
니 대체 무슨 까닭인가? 삶을 지나치게 두터이 하려 하기 때문이다.

　대개 듣건대 '삶을 잘 다스리는 이는 육지로 가도 외뿔소와 호랑이를
만나지 않고, 싸움터에 들어가도 갑옷과 병기를 간수하지 않는다. 외뿔
소도 그 뿔을 들이받을 곳이 없고 호랑이도 그 발톱을 둘 곳이 없으며 병
기도 그 칼날을 들이댈 곳이 없다.'고 한다.

　대체 무슨 까닭인가? 그 죽음의 여지가 없기 때문이다.

【글자 뜻】徒:무리 도. 之:갈 지. 故:연고 고. 厚:두터울 후. 蓋:대개
　　개. 攝:잡을 섭. 陸:뭍 육. 遇:만날 우. 兕:외뿔소 시. 被:입을 피.
　　甲:갑옷 갑. 兵:병기 병. 投:던질 투. 措:둘 조. 爪:발톱 조. 容:들
　　일 용. 얼굴 용. 刃:칼날 인.
【말의 뜻】出生入死:無에서 有로 나오면 살고 有에서 無로 들어가면 죽

음.   生之徒:사는 무리.   動之死地:욕심에 움직여 죽음으로 감. 之는
감의 뜻.   生生之厚:삶을 지나치게 살리려 함. 앞의 生은 동사, 뒤의
生은 명사.   善攝生者:삶을 잘 다스리는 사람.   陸行:육지로 감. 不
遇兕虎:외뿔소와 호랑이를 만나지 않음.   入軍:싸움터에 들어감.
兕無所投其角:외뿔소도 그 뿔을 던질 곳이 없음.   兵無所容其刃:병
기도 그 칼날이 들어갈 곳이 없음.   以其無死地:죽음의 여지가 없기
때문임.

【뜻 풀이】 이 장에서는 욕심 없이 生死에 집착하지 않음이 가장 좋은 養
生法으로, 지나치게 生을 탐내면 도리어 生을 해치게 됨을 말한다.

   사람이 산다는 것은 無에서 有로 태어난 것이요, 죽는다는 것은 有
에서 無로 돌아가는 것이다.

   그런데 세상에는 오래 사는 사람이 열 명에서 세 명쯤 되고, 일찍
죽는 사람이 열 명에서 세 명쯤 된다. 그리고 오래 살 사람이 망령되
이 움직여 일찍 죽는 경우 또한 열 명에서 세 명쯤 된다. 그러면 오래
살 사람이 일찍 죽는 것은 무슨 까닭인가? 그것은 바로 삶에 지나치게
집착하기 때문이다.

   내가 들은 바에 의하면 섭생을 잘하는 사람은 산길을 가도 외뿔소
나 호랑이와 같은 사나운 짐승을 만나지 않고, 싸움터에 나가서도 갑
옷을 입거나 무기를 지니지 않는다고 한다.

   그에게는 외뿔소도 사나운 뿔을 들이댈 곳이 없고 호랑이도 날카로
운 발톱으로 할퀼 데가 없으며, 창이나 칼도 예리한 날로 찌를 곳이 없
다. 왜 그런가? 그에게는 죽음이라는 것이 따로 없기 때문이다.

   제55장에서도 '덕을 두터이 지닌 사람은 갓난아이와 같다. 독 있는
벌레도 물지 않고 사나운 짐승도 덤벼들지 않고 사나운 새도 채가지

않는다.'고 하였다.

제75장에서도 '백성들이 죽음을 가벼이 여기는 것은 위정자가 자기의 삶을 두터이 하려 하기 때문이다. 무릇 삶에 대하여 오직 인위적으로 하지 않음이 삶을 귀하게 여기는 것보다 현명하다.'고 하였다.

제51장 도생지(道生之)

道生之 德畜之 物形之 勢成之 是以萬物 莫不尊道而
도생지 덕축지 물형지 세성지 시이만물 막부존도이

貴德.
귀덕

道之尊 德之貴 夫莫之爵而自然.
도지존 덕지귀 부막지작이자연

故道生之 德畜之 長之育之 亭之毒之 養之覆之.
고도생지 덕축지 장지육지 정지독지 양지복지

生而不有 爲而不恃 長而不宰 是謂玄德.
생이불유 위이불시 장이부재 시위현덕

道가 낳고 덕이 기르고 물질이 형체를 만들고 기운이 이루어 주니, 이
런 까닭으로 만물은 道를 존중하고 덕을 귀하게 여기지 않을 수 없는 것
이다.

道의 높음과 덕의 귀함은 무릇 작위(爵位)를 받아 그런 것이 아니라 항
상 저절로 그렇게 되는 것이다.

그러므로 道가 낳고 덕이 기르니 크고 자라게 하고, 평온하고 두텁게
하고, 돌보고 덮어 준다.

낳았지만 소유하지 않고, 만들었지만 받지 않고, 길렀지만 지배하지 않
으니 이것을 그윽한 덕이라고 말한다.

【글자 뜻】畜:기를 휵. 形:형상 형. 勢:형세 세. 尊:높일 존. 爵:벼슬
　　작. 育:기를 육. 亭:평평할 정. 정자 정. 毒:도타울 독. 독 독. 覆:덮
　　을 복. 恃:믿을 시. 宰:다스릴 재. 재상 재.

【말의 뜻】道生之:無爲自然의 道가 만물을 낳음. 德畜之:덕이 길러냄.

物形之:물질이 형체를 이룸. 勢成之:기운이 이루어 냄. 尊道而貴德:
道를 높이고 덕을 귀하게 여김. 莫之爵:인위적으로 벼슬을 받은 것이
아님. 長之育之:키우고 자라게 함. 亭之:안정시킴. 亭은 牢의 뜻. 毒
之:두텁게 함. 毒은 篤의 뜻. 覆之:덮어 줌. 보호함. 生而不有:낳고
서도 소유하지 않음. 爲而不恃:하고서도 공을 받지 않음. 長而不宰:
길러내고서도 다스리지 않음. 玄德:그윽한 덕.

【뜻 풀이】 이 장에서는 道는 만물을 낳고 덕은 만물을 길러내므로, 道를
　　　존중하고 덕을 숭상해야 함을 말한다.
　　　道는 만물을 낳고 덕은 이 만물을 길러 준다. 이리하여 만물은 물질
이 그 형체를 이루어 주고 기운이 이를 완성시켜 주는 것이다. 그러므
로 만물은 마땅히 자신을 낳아 준 道를 존중하고 자신을 길러 주는 덕
을 받들어야 한다.
　　　그러면 이 道와 덕의 존귀함은 어디서 오는 것인가? 그것은 인위적
으로 임금에게 벼슬을 받아 존귀해지는 것이 아니라 자연적으로 그렇
게 존귀한 것이다.
　　　이리하여 道는 만물을 낳고 덕은 이를 길러내어 만물을 키워 자라
나게 하고, 만물을 안정시켜 번성하게 하고, 만물을 품어 보호해 주지
만 그러면서도 道는 만물을 낳았다고 하여 소유하지도 않고, 만물을
이루어 냈다고 하여 자신의 공을 자랑하지도 않고, 만물을 길러냈다
고 하여 마음대로 지배하려 하지도 않는다. 이것이 바로 그윽한 덕인
것이다.
　　　제2장에서도 '만물이 일어나되 사양치 않고, 생겨나되 가지지 않
고, 만들어내되 뽐내지 않고, 공이 이루어지되 머물지 않는다. 무릇
오직 머무르려 하지 않는지라 떠나지지도 않는다.' 고 하였다.

제10장에서도 '만물을 낳고 기르지만 생겨나도 소유하지 않고, 일
하고도 공을 뽐내지 않고, 자라게 하고도 다스리려 하지 않으니 이를
일러 현묘한 덕이라 한다.'고 하였다.

제52장 천하유시(天下有始)

> 天下有始 以爲天下母 既得其母 以知其子 既知其子
> 천하유시 이위천하모 기득기모 이지기자 기지기자
>
> 復守其母 沒身不殆.
> 복수기모 몰신불태
>
> 塞其兌 閉其門 終身不勤 開其兌 濟其事 終身不救.
> 색기태 폐기문 종신불근 개기태 제기사 종신불구
>
> 見小曰明 守柔曰强 用其光 復歸其明 無遺身殃 是謂
> 견소왈명 수유왈강 용기광 복귀기명 무유신앙 시위
>
> 襲常.
> 습상

천하에 시초가 있어 천하의 어머니가 되었다. 이미 그 어머니를 얻으면 그 아들임을 알 수 있으니 이미 그 아들임을 알고 다시 그 어머니를 지키면 몸이 다하도록 위태하지 않다.

그 구멍을 막고 그 문을 닫으면 몸이 다하도록 수고롭지 않고, 그 구멍을 열고 그 일을 보태면 몸이 다하도록 구원되지 못한다.

작은 것 보는 것을 明이라 말하고 부드러운 것 지키는 것을 强이라 말하는데, 빛을 써서 明으로 돌아가면 몸의 재앙을 끼치지 않으니 이것을 道에 들어가는 것이라고 말한다.

【글자 뜻】 始:비로소 시. 既:이미 기. 復:회복할 복. 다시 부. 沒:죽을 몰. 殆:위태할 태. 塞:막을 색. 兌:구멍 태. 閉:닫을 폐. 勤:수고로울 근. 濟:더할 제. 건널 제. 救:구원한 구. 遺:끼칠 유. 殃:재앙 앙. 襲:지닐 습. 엄습할 습.

【말의 뜻】 天下母:천하의 어머니. 道를 가리킴. 其子:그 아들. 만물을 가

리킴. 守其母:그 어머니인 道를 지킴. 沒身不殆:몸이 다하도록 위태하지 않음. 塞其兌:그 구멍을 막음. 兌는 耳目口鼻를 말함. 閉其門: 그 문을 닫음. 門은 마음을 비유한 말. 終身不勤:몸이 다하도록 수고롭지 않음. 濟其事:그 일을 보탬. 不救:구원받지 못함. 見小日明:작은 것 보는 것을 밝다고 말함. 用其光:그 빛을 씀. 光은 지혜. 和光同塵의 光과 같음. 無遺身殃:몸의 재앙을 끼치지 않음. 襲常:道에 들어감. 襲은 감춤의 뜻. 常은 참다운 道.

【뜻 풀이】 이 장에서는 사람의 마음이란 道에서 나온 것이므로 눈·코·입·귀의 욕망을 끊고 마음의 눈을 여는 것이 인간 수양의 극치임을 말한다.

세상에는 하늘과 땅보다도 먼저 태어난 것이 있으니 이것은 곧 無爲自然의 道로 天地와 만물을 낳은 어머니이다.

어머니를 알면 그 아들이 어떠한지 알 수 있는 것과 마찬가지로 어머니인 道가 소극적인 無임을 안다면 道의 아들인 사람의 마음 또한 소극적이어야 함을 알 수 있다. 그러므로 스스로 道의 아들임을 알고 어머니인 道의 소극적인 길을 지켜 나간다면 몸이 마칠 때까지 위태한 지경에 빠지는 일이 없게 된다.

그런데 사람의 마음은 욕망에 지배되기 쉽다. 그러므로 눈·코·입·귀와 같은 감각의 구멍을 틀어막고 마음이라는 욕심의 문을 닫아 버려야 평생토록 몸의 고달픔이 없을 것이다. 그렇지만 감각의 구멍을 열어 놓고 욕망에 사로잡혀 근심되는 일을 보태어 나간다면 평생토록 구원을 받지 못한다.

작은 일의 기미를 아는 것을 총명하다고 말하고, 부드럽고 약함을 지키는 것을 굳세다고 말한다. 그 밝은 지혜를 써서 총명함으로 돌아가면 몸이 다하도록 재앙을 당하는 일이 없을 것이다. 이것을 진정한 道로 들어간다고 말한다.

제25장에서도 '뒤엉킨 한 사물이 있어 하늘과 땅보다 먼저 생겨났는데 고요하고 쓸쓸하여 소리도 없고 형체도 없건만 홀로 우뚝 서서 영원히 변함이 없으며, 모든 것에 두루 행하여 잠시도 그침이 없으니 가히 천하 만물의 어머니라 할 만하다.'고 하였다.

제36장에서도 '부드러운 것은 굳센 것을 이기고 약한 것은 강한 것을 이긴다.'고 하였다.

또 제33장에서도 '남을 아는 사람은 지혜롭고, 스스로를 아는 사람은 현명하다.'고 하였다.

제53장 사아개연(使我介然)

使我介然有知 行於大道 惟施是畏 大道甚夷 而民好徑.
사 아 개 연 유 지 행 어 대 도 유 시 시 외 대 도 심 이 이 민 호 경

朝甚除 田甚蕪 倉甚虛 服文采 帶利劍 厭飮食 財貨有
조 심 제 전 심 무 창 심 허 복 문 채 대 리 검 염 음 식 재 화 유

餘 是謂盜夸 非道哉.
여 시 위 도 과 비 도 재

　　나에게 조금이나마 지혜가 있다면 큰 길로 가며 오직 옆길로 들어설까
두려워하겠다. 큰 길은 매우 평탄하건만 사람들은 좁은 길을 좋아한다.

　　조정은 잘 다스려지는데 밭은 몹시 황폐해지고 창고는 거의 비어 있
다. 문채 나는 옷을 입고 날카로운 칼을 차고 음식을 배불리 먹고 재물이
여유가 있으면 이를 일러 '도둑의 영화'라고 하며, 이는 道가 아니다.

【글자 뜻】 介:낱 개. 惟:오직 유. 施:지름길 이. 베풀 시. 畏:두려울 외.
　　夷:평평할 이. 오랑캐 이. 徑:지름길 경. 除:다스릴 제. 蕪:거칠 무.
　　倉:창고 창. 服:입을 복. 采:문채 날 채. 帶:찰 대. 띠 대. 利:날카로
　　울 리. 이로울 리. 劍:칼 검. 厭:싫을 염. 夸:사치할 과.
【말의 뜻】 介然:조금. 약간. 有知:지혜가 있음. 인위적인 잔지혜가 아님.
　　施:지름길. 옆길. 大道甚夷:큰 길은 매우 평탄함. 好徑:지름길을 좋
　　아함. 朝甚除:조정은 잘 다스려짐. 田甚蕪:밭이 몹시 황폐함. 倉甚
　　虛:창고가 거의 비어 있음. 服文采:문채 나는 옷을 입음. 帶利劍:날
　　카로운 칼을 참. 厭飮食:음식을 실컷 먹음. 盜夸:도둑의 영화. 도둑
　　의 사치.

【뜻 풀이】 이 장에서는 無爲自然의 道를 평탄하고 큰 길, 그리고 인위적인 허영을 지름길에 비유하여 無爲의 어진 정치를 강조한다.

조금이라도 분별력이 있는 사람이라면 마땅히 無爲自然의 큰 길을 걸어, 옆길로 들어서는 일이 없도록 조심할 것이다. 無爲自然의 큰 길은 일생을 그르칠 걱정이 없는 평탄한 길이건만 세상 사람들은 이 탄탄대로를 벗어나 험난하고 좁은 길로 들어서기를 좋아한다. 이는 모두 사리사욕에 눈이 어두워 명예와 이익을 추구하기 때문이다.

만일 위정자가 사리사욕을 꾀하여 고대광실에서 사치스러운 생활을 한다면 이는 백성들의 피와 땀을 빨았기 때문이니 논밭은 거칠어지고 창고는 텅 비게 된다.

그렇데도 위정자가 아름다운 비단옷을 입고 날카로운 명검(名劍)을 차고 산해진미(山海珍味)를 배불리 먹고 재물을 산더미처럼 쌓는다면, 이는 도둑질로 부귀영화를 누리는 것이니 無爲自然의 道와는 거리가 먼 것이다.

제54장 선건자불발(善建者不拔)

善建者不拔 善抱者不脱 子孫以祭祀不輟.
선건자불발선포자불탈 자손이제사불철

修之身 其德乃眞 修之家 其德乃餘 修之鄉 其德乃長
수지신 기덕내진 수지가 기덕내여 수지향 기덕내장

修之郭邦 其德乃豊 修之天下 其德乃普.
수지곽방 기덕내풍 수지천하 기덕내보

故以身觀身 以家觀家 以鄉觀鄉 以邦觀邦 以天下觀
고이신관신 이가관가 이향관향 이방관방 이천하관

天下 吾何以知天下之然哉 以此.
천하 오하이지천하지연재 이차

　덕을 잘 세운 사람은 뽑히지 않고, 덕을 잘 지닌 사람은 벗어나지 않으니 자손 대대로 제사를 받들어 끊어지지 않는다.

　道로 몸을 닦는다면 그 덕은 곧 참되고, 道로 집안을 닦는다면 그 덕은 곧 여유가 있고, 道로 한 마을을 닦는다면 그 덕은 곧 오래가고, 道로 한 나라를 닦는다면 그 덕은 곧 풍족하고, 道로 천하를 닦는다면 그 덕은 곧 널리 퍼지게 된다.

　그러므로 몸으로써 몸을 보고, 집으로써 집을 보고, 마을로써 마을을 보고, 나라로써 나라를 보고, 천하로써 천하를 보아야 하는 것이다. 내 무엇으로써 천하가 그러한지 알 수 있겠는가? 이로써 아는 것이다.

【글자 뜻】拔:뺄 발. 抱:안을 포. 脱:벗어날 탈. 輟:그칠 철. 鄉:마을 향. 邦:나라 방. 豊:풍성할 풍. 普:넓을 보. 觀:볼 관. 然:그러할 연.

【말의 뜻】善建者不拔:덕을 잘 세운 사람은 뽑히지 않음. 善抱自不脱:덕

을 잘 지닌 사람은 벗어나지 않음. 不輟:끊이지 않음. 修之身:道로 몸을 닦음. 之는 道를 가리키는 대명사. 其德乃眞:그 덕이 곧 참됨. 乃餘:곧 여유가 있음. 乃長:곧 영원함. 乃豊:곧 풍성함. 乃普:곧 널리 퍼짐. 以身觀身:몸을 닦는 自然의 道로써 내 몸을 살펴봄. 天下之然:修之天下 其德乃普를 가리킴. 以此:이것은 뽑히지 않고 벗어나지 않는 自然의 덕을 가리킴.

【뜻 풀이】 이 장에서는 無爲自然의 道에 따라 자신의 덕을 세우고 지녀 나가면 그 덕이 오래 가고 널리 퍼짐을 말한다.

　無爲自然의 道에 따라 덕을 잘 세운 사람은 언제까지나 그 덕이 뽑히는 일이 없고, 덕을 잘 지니고 지켜 나가는 사람은 그 덕을 벗어나는 일이 없다. 이리하여 자손들은 길이 번창하여 조상의 제사를 받들게 되는 것이다.

　만일 이 無爲自然의 道로써 자신의 한 몸을 닦는다면 그 덕은 참다운 것이 되고, 道로써 한 집안을 닦는다면 그 덕은 집안에 넘쳐 이웃에까지 퍼지게 되고, 道로써 한 마을을 다스린다면 그 덕은 죽은 뒤에까지 길이 남게 되고, 道로써 한 나라를 다스린다면 그 덕은 이웃 나라에 퍼질 만큼 풍족하게 되고, 道로써 천하를 다스린다면 그 덕은 온 천하에 넘칠 만큼 고루 퍼지게 된다. 이처럼 無爲自然의 道는 자기 한 몸을 닦는 일에서부터 온 천하를 다스리는 일에 이르기까지 덕의 근본이 된다.

　그러므로 無爲自然의 道에 따라 몸을 닦는 사람은 道에 비추어 자기 한 몸을 닦고, 집안을 다스리는 道에 비추어 집안을 다스리고, 마을을 다스리는 道에 비추어 마을을 다스리고, 나라를 다스리는 道에 비추어 나라를 다스리고, 천하를 다스리는 道에 비추어 천하를 다스려야 하는 것이다.

덕으로써 천하를 다스리면 그 덕이 온 천하에 널리 보급되는 것은 무슨 까닭인가? 그것은 곧 無爲自然의 道가 광대무변(廣大無邊)하기 때문이다.

제27장에서도 '잘 다니는 사람은 수레바퀴의 자국을 남기지 않고, 말을 잘하는 사람은 흠잡아 책망할 데가 없고, 계산을 잘하는 사람은 산가지를 쓰지 않고, 잘 잠그는 사람은 빗장을 지르지 않아도 열지 못하고, 잘 묶는 사람은 밧줄로 묶지 않아도 풀지 못한다.'고 하였다.

또 대학(大學)에도 '옛날의 밝은 덕을 천하에 밝히고자 하는 사람은 먼저 그 나라를 다스리고, 나라를 다스리고자 하는 사람은 먼저 그 집안을 가지런히 하고, 집안을 가지런히 하고자 하는 사람은 먼저 그 몸을 닦고, 몸을 닦고자 하는 사람은 먼저 그 마음을 바르게 한다.'는 말이 실려 있다.

제55장 함덕지후(含德之厚)

含德之厚 比於赤子 毒蟲不螫 猛獸不據 攫鳥不搏 骨
함 덕 지 후 비 어 적 자 독 충 불 석 맹 수 불 거 확 조 불 박 골

弱筋柔而握固.
약 근 유 이 악 고

未知牝牡之合而全作 精之至也 終日號而嗌不嗄 和
미 지 빈 모 지 합 이 전 작 정 지 지 야 종 일 호 이 익 불 애 화

之至也.
지 지 야

知和日常 知常日明 益生日祥 心使氣日强 物壯則老
지 화 왈 상 지 상 왈 명 익 생 왈 상 심 사 기 왈 강 물 장 즉 노

是謂不道 不道早已.
시 위 부 도 부 도 조 이

  덕을 두터이 지닌 사람은 갓난아기와 같아서 독벌레도 물지 않고 사나운 짐승도 덤벼들지 않고 사나운 새도 채가지 않는다. 뼈는 약하고 힘줄은 부드럽지만 움켜쥐는 힘은 굳세다.

  아직 암컷과 수컷의 결합을 모르니 정력이 지극하고, 종일토록 울어대도 목쉬지 않으니 조화가 지극하다.

  조화를 아는 것을 참다움이라 하고, 참다움을 아는 것을 밝음이라 한다. 억지로 살려는 것을 재앙이라 하고, 마음이 기운을 부림을 억지라 한다. 사물이 왕성해지면 곧 늙어버리니 이를 道에 어긋남이라 하며, 道에 어긋나면 일찍 그치게 된다.

【글자 뜻】 含:머금을 함. 厚:두터울 후. 比:같을 비. 견줄 비. 毒:독 독.
    螫:쏠 석. 猛:사나울 맹. 獸:짐승 수. 據:누를 거. 攫:움킬 확. 搏:

칠 박.　骨:뼈 골.　筋:힘줄 근.　握:쥘 악.　牝:암컷 빈.　牡:수컷 모.
精:정기 정.　號:울 호.　嗌:목구멍 익.　嗄:목쉴 애. 목 잠길 사.　祥:재
상 상. 상서 상.　壯:장할 장.　已:그칠 이. 이미 이. 뿐 이.

【말의 뜻】含德之厚:덕을 두터이 지닌 사람.　比於赤子:갓난아기와 같음.
毒蟲不螫:독벌레도 물지 않음.　猛獸不據:사나운 짐승도 덤비지 않음.
攫鳥不搏:사나운 새도 채가지 않음.　骨弱筋柔而握固:갓난아기는 뼈
는 약하고 힘줄은 부드럽지만 쥐는 힘이 굳셈. 부드럽고 약함이 道의
본질임을 비유한 것.　牝牡之合:남녀의 성교.　全作:정력이 충만함.
嗌不嗄:목쉬지 않음.　知和:조화를 아는 것.　知常:참다움을 아는 것.
益生:억지로 삶을 늘리려 함.　祥:재앙.　祥은 길함과 흉함에 두루 쓰
임.　心使氣:마음이 기운을 부림.　物壯則老:사물이 왕성해지면 늙음.
不道:道에 어긋남.　무已:일찍 그침.

【뜻 풀이】 이 장에서는 하늘에서 얻은 덕을 잃지 말아야 함을 강조한다.
그 덕을 잃지 않으려면 갓난아기처럼 무심(無心)·무욕(無慾)·유약
(柔弱)하여야 함을 비유로 말한다.
　　하늘이 준 덕을 두터이 지닌 사람은 비유컨대 사심과 욕심이 없는
갓난아기 같아서 독벌레도 그를 물지 못하고, 호랑이 같은 사나운 짐
승도 그를 해치지 못하고, 독수리 같은 사나운 새도 그를 채가지 못
한다. 갓난아기는 뼈가 약하고 근육이 부드럽기는 하지만 쥐는 힘은
몹시 강하다. ― 이는 道를 굳게 지켜 나가는 것을 비유한 말이다.
　　그리고 갓난아기는 아직 남녀의 교합을 모르기 때문에 정력이 충만
하니 이는 정력의 극치다. 또 갓난아기는 종일을 울어도 목쉬지 않으
니 이는 이해득실에 구애되는 일 없이 유지되는 조화의 극치다.
　　이처럼 조화를 유지할 줄 아는 것이 참다운 道로 들어가는 길이

며, 참다운 道로 들어가는 길을 아는 것이 道에 밝은 것이라 하겠다.

그런데 세상 사람들은 헛되이 목숨을 늘리려 하고 뜬구름 같은 명예와 이익을 추구하는데, 억지로 목숨을 늘리려 하는 것은 불길한 짓이요, 망령되이 명예와 이익을 추구하여 노심초사하는 것은 억지라고 할 수 있다. 모든 사물은 지나치게 왕성해지면 노쇠하게 되는데 이는 곧 無爲自然의 道에 어긋나는 짓이며 道에 어긋나는 짓은 일찍 망하는 지름길이다.

제10장에서는 '육체를 싣고 道를 지니어 지켜 능히 떠나지 않을 수 있겠는가? 기운을 오로지하여 부드러움을 이루어 어린아이 같아질 수 있겠는가? 현묘한 마음의 거울에서 먼지와 때를 깨끗이 닦아 한 점 흠도 없게 할 수 있겠는가? 모든 일을 명백히 알아 막힘이 없으면서도 무지한 사람 같을 수 있겠는가?' 라고 하였다.

제16장에서는 '만물은 그처럼 번성해도 각각 근원으로 다시 돌아가므로 이를 고요해짐이라 하고, 고요해짐을 천명으로 돌아감이라 하고, 천명으로 돌아감을 영원함이라 하고, 영원함을 아는 것을 지혜가 밝다고 한다.' 라고 하였다.

제30장에서도 '모든 사물은 강장하면 노쇠하게 마련이라 이를 일러 道에 어긋난다 하며, 道에 어긋나면 일찍 망하게 된다.'고 하였다.

또 제50장에서도 '삶을 잘 다스리는 이는 육지에 가도 외뿔소와 호랑이를 만나지 않고, 싸움터에 들어가도 갑옷과 병기를 지니지 않는다. 외뿔소도 그 뿔을 들이받을 곳이 없고 호랑이도 그 발톱을 둘 곳이 없으며 병기도 그 칼날을 들이댈 곳이 없다.' 고 하였다.

제56장 지자불언(知者不言)

知者不言 言者不知 塞其兌 閉其門 挫其銳 解其紛 和
지자불언 언자부지 색기태 폐기문 좌기예 해기분 화

其光 同其塵 是謂玄同.
기광 동기진 시위현동

不可得而親 不可得而疎 不可得而利 不可得而害 不
불가득이친 불가득이소 불가득이리 불가득이해 불

可得而貴 不可得而賤 故爲天下貴.
가득이귀 불가득이천 고위천하귀

아는 사람은 말하지 않고, 말하는 사람은 알지 못한다. 욕심의 구멍을 막고 마음의 문을 닫으며, 날카로운 기운을 꺾고 뒤얽힌 생각을 풀며, 지혜의 빛을 늦추고 세속에 동화하는 것, 이것을 현묘한 합치라고 말한다.

친근하게도 소홀하게도 못하며, 이롭게 하지도 해롭게 하지도 못하며, 귀하게 여기지도 천하게 여기지도 못하니 천하에서 가장 귀한 존재가 된다.

【글자 뜻】塞:막을 색. 兌:구멍 태. 閉:닫을 폐. 挫:꺾을 좌. 銳:날카로울 예. 紛:어지러울 분. 疎:성길 소. 賤:천할 천.

【말의 뜻】知者:自然의 道를 깨달아 아는 사람. 塞其兌:욕심의 구멍을 막음. 閉其門:마음의 문을 닫음. 挫其銳:날카로운 기운을 꺾음. 解其紛:뒤얽힌 생각을 풂. 和其光 同其塵:지혜의 빛을 늦추고 세속에 동화함. 玄同:道와 현묘하게 동화함. 不可得:~하지 못함. ~할 수 없음. 爲天下貴:천하에서 가장 귀한 것이 됨.

【뜻 풀이】 이 장에서는 욕망을 끊고 지혜를 늦추어 세속과 동화하는 道와 슴一하는 덕을 지닌 사람은 친하고 성김, 이득과 손해, 귀함과 천함 따위에 좌우되지 않기 때문에 천하에서 가장 존귀한 존재가 됨을 말한다.

無爲自然의 道를 잘 아는 사람은 道에 대하여 말이 없고, 道를 안다고 말하는 사람은 道를 모르는 사람이다.

진정 無爲自然의 道를 아는 사람은 눈·귀·입·코의 욕망을 틀어막고 인위적이고 사사로운 마음의 문을 닫으며, 날카로운 기운을 꺾고 어지러이 얽힌 생각들을 풀며, 자기의 총명한 지혜를 감추고 세속과 어울려 사니 이런 사람을 현묘한 道와 동화된 덕을 지녔다고 말한다.

이처럼 無爲自然의 道와 동화된 덕을 지닌 사람에게는 함부로 친근하게 굴지도 못하고 소홀하게 굴지도 못하며, 그를 이롭게 하지도 못하고 해롭게 하지도 못하며, 그를 귀하게 대하지도 못하고 천하게 대하지도 못한다. 친함과 소홀함, 이득과 손해, 귀함과 천함 따위로 마음을 움직일 수 없기 때문에 그는 모든 것을 초월하여 천하에서 가장 귀한 존재가 되는 것이다.

제4장에서도 '나의 날카로움 꺾어서 세상의 어지러움에 풀고, 나의 밝은 빛 감추고서 티끌 세상과 뒤섞이니, 깊고 깊어서 영원히 존재하는 것과 같도다!' 라고 하였다.

제52장에서도 '그 구멍을 막고 그 문을 닫으면 몸이 다하도록 수고롭지 않고, 그 구멍을 열고 그 일을 보태면 몸이 다하도록 구원되지 못한다.' 고 하였다.

제57장 이정치국(以正治國)

以正治國 以奇用兵 以無事取天下 吾何以知其然哉
이 정 치 국　이 기 용 병　이 무 사 취 천 하　오 하 이 지 기 연 재

以此.
이 차

天下多忌諱 而民彌貧 民多利器 國家滋昏 人多技巧
천 하 다 기 휘　이 민 미 빈　민 다 리 기　국 가 자 혼　인 다 기 교

奇物滋起 法令滋彰 盜賊多有.
기 물 자 기　법 령 자 창　도 적 다 유

故聖人云 我無爲而民自化 我好靜而民自正 我無事而
고 성 인 운　아 무 위 이 민 자 화　아 호 정 이 민 자 정　아 무 사 이

民自富 我無欲而民自樸.
민 자 부　아 무 욕 이 민 자 박

正道로써 나라를 다스리고 기계(奇計)로써 군대를 부리나 無爲로써 천하를 얻는다. 내 무엇으로써 그러함을 알겠는가? 自然의 道로써 안다.

천하에 금령(禁令)이 많으면 백성은 더욱 가난해지고, 백성에게 편리한 기구가 많으면 나라는 더욱 어지러워지고, 사람들의 재주가 많아지면 기이한 물건이 많이 나오고, 法令이 점점 밝아질수록 도둑이 많이 나온다.

그러므로 성인이 말하기를 '내가 無爲로 다스리면 백성은 저절로 교화되고, 내가 고요함을 좋아하면 백성은 저절로 바르게 되고, 내가 일함이 없으면 백성은 저절로 부유해지고, 내가 욕심이 없으면 백성은 저절로 순박해진다.'고 하였다.

【글자 뜻】 奇:기이할 기. 忌:꺼릴 기. 諱:꺼릴 휘. 彌:더할 미. 貧:가난

할 빈. 器:그릇 기. 滋:더할 자. 昏:어두울 혼. 技:재주 기. 巧:재주
교. 彰:밝을 창. 賊:도둑 적. 欲:욕심 욕. 하고자 할 욕. 樸:등걸나
무 박. 소박할 박.

【말의 뜻】以正治國:正道로써 나라를 다스림. 以奇用兵:기이한 계교로써
군대를 부림. 無事:無爲와 같음. 忌諱:禁令. 民彌貧:백성은 더욱 가
난해짐. 民多利器:백성에게 文明의 利器가 많음. 滋昏:점점 혼란해
짐. 技巧:기술. 奇物滋起:기이한 물건이 더욱 생겨남. 法令滋彰:法
令이 더욱 밝음. 民自化:백성이 저절로 敎化됨. 民自正:백성이 저절
로 올바르게 됨. 民自樸:백성이 저절로 순박해짐.

【뜻 풀이】 이 장에서는 無爲와 無事가 천하를 다스리는 道임을 밝히고
있다.

　유학자(儒學者)들은 나라는 正道로써 다스려야 한다고 말하고, 병
법가(兵法家)들은 전쟁은 기이한 계략으로써 부려야 한다고 말한다.
그러나 천하를 다스림에는 無爲와 無事로써 해야 한다. 왜냐하면 본
래 自然의 道는 無爲요 無事이기 때문이다.

　원래 法令은 백성을 편안히 살게 하기 위한 것이지만 금지하는 法
令이 많을수록 백성의 생활은 더욱 가난해진다. 文明의 利器는 생활
을 편리하게 하는 도구이지만 그것이 많아질수록 백성은 안일과 방탕
한 생활에 빠져 국가는 더욱 혼란해진다. 또 과학 기술이 발달할수록
기묘한 물건들이 많이 생산되어 사치 풍조가 일어난다. 또 백성을 덕
으로 다스리지 않고 많은 法令을 제정하여 다스리면 도둑이 점점 늘
어나게 된다.

　그러므로 옛날 無爲自然의 道로써 천하를 다스린 성인은 '내가 인
위적으로 다스리지 않으면 백성은 저절로 敎化되고, 내가 활동하지

않고 고요히 있으면 백성들은 저절로 올바른 생활을 하게 되며, 내가 아무 일도 시행하지 않으면 백성들은 저절로 부유해지고, 내가 모든 욕심을 끊으면 백성은 저절로 순박해진다.'고 하였다.

제29장에서는 '천하는 신령스러운 그릇이라 인위적으로는 되지 않는 법이다. 인위적으로 하는 자는 실패하고, 인위적으로 잡는 자는 그것을 잃는다.'고 하였다.

제48장에서도 '천하를 취함에는 항상 無爲로써 한다. 有爲에 이르게 되면 천하를 취하지 못한다.'고 하였다.

또 제45장에서도 '시끄러우면 추위를 이기나 고요하면 더위를 이긴다 하니, 맑고 고요함은 천하의 正道가 된다.'고 하였다.

논어 爲政篇에서도 '덕으로써 정치를 하면 비유컨대 북극성이 제자리에 있어도 모든 별이 이를 향함과 같다.'고 하였다.

제58장 기정민민(其政悶悶)

其政悶悶 其民淳淳 其政察察 其民缺缺.
기 정 민 민 기 민 순 순 기 정 찰 찰 기 민 결 결

禍兮福所倚 福兮禍所伏 孰知其極 其無正耶 正復爲
화 혜 복 소 의 복 혜 화 소 복 숙 지 기 극 기 무 정 야 정 복 위

奇 善復爲妖 民之迷也 其日固已久矣.
기 선 복 위 요 민 지 미 야 기 일 고 이 구 의

是以聖人 方而不割 廉而不劌 直而不肆 光而不耀.
시 이 성 인 방 이 불 할 염 이 불 귀 직 이 불 사 광 이 불 요

정치가 어둑하면 백성이 순박하고, 정치가 밝으면 백성이 만족하지 못한다.

재앙은 복이 의지하는 곳이요, 복은 재앙이 깃드는 곳이니 누가 그 결과를 알 것인가! 그 正常은 없는 것인가? 올바른 것이 다시 기이한 것이 되고 선한 것이 다시 흉한 것이 되어, 백성이 미혹하니 그날이 진실로 이미 오래도다.

이런 까닭으로 성인은 방정하되 쪼개지 않고, 청렴하되 상처내지 않고, 곧되 내뻗지 않고, 빛이 있으되 빛내지 않는다.

【글자 뜻】 悶:어두울 민. 번민할 민. 淳:순박할 순. 察:살필 찰. 缺:이지러질 결. 倚:의지할 의. 伏:숨길 복. 엎드릴 복. 孰:누구 숙. 極:극진할 극. 耶:어조사 야. 復:다시 부. 奇:기이할 기. 妖:요망할 요. 迷:혼미할 미. 固:진실로 고. 굳을 고. 已:이미 이. 久:오랠 구. 方:방정할 방. 割:쪼갤 할. 廉:청렴할 렴. 劌:벨 귀. 肆:펼 사. 방자할 사. 耀:빛날 요.

【말의 뜻】悶悶:무지한 모양. 어두운 모양. 昏昏과 같음. 淳淳:순박한 모양. 察察:밝은 모양. 밝게 살핌. 缺缺:마음에 만족하지 않는 모양. 福所倚:복이 의지하는 곳. 禍所伏:재앙이 깃드는 곳. 孰知其極:누가 그 결과를 알랴. 正復爲奇:올바른 것이 다시 기이한 것이 됨. 善復爲 妖:선한 것이 다시 흉한 것이 됨. 固已久:진실로 이미 오래됨. 方而 不割:행동이 방정하되 쪼개지 않음. 廉而不劌:청렴하되 상처 내지 않음. 直而不肆:곧되 방자하지 않음. 光而不耀:빛나되 빛내지 않음.

【뜻 풀이】 이 장에서는 소극적인 無爲가 정치의 중요한 길임을 말한다.

위정자가 대범하게 無爲의 정치를 실시하면 풍속도 순후하고 백성도 순박하여 나라가 저절로 다스려지지만, 위정자가 法令을 많이 만들어 인위적으로 밝은 정치를 실시하면 인심이 강팍해지고 백성도 순박함을 잃어 간악해지게 된다.

자연의 이치란 낮이 지나면 밤이 오고 더위가 지나면 추위가 오며, 영고(榮枯)와 성쇠(盛衰)가 무상(無常)한 법이다. 또한 재앙이 지나면 복이 오나 행운 속에는 불행의 씨앗이 싹트고 있으니 그 궁극의 결과를 어찌 예측할 수 있겠는가? 이와 같이 세상의 모든 일은 새옹지마(塞翁之馬)와 같아서 일정불변하고 절대적인 것이 없다.

정의가 뒤집혀 불의가 되고 선한 것이 바뀌어 흉한 것이 되는 상대적인 상황에서 명예와 이득을 추구하는 어리석은 사람들은 복을 좇다가 재앙을 당하기 일쑤다.

그러므로 無爲自然의 道를 지니고 지키는 성인은 자신의 행동은 방정하되 남까지 재단하여 나와 같게 하려 하지 않고, 자신은 청렴결백하되 남까지 상처 내어 나에게 맞추려 하지 않으며, 자신의 정직함을 지나치게 나타내어 남에게 부끄러움을 주지 않고, 자신의 밝은 지혜를 겉으로 드러내어 남에게 보이려 하지 않는다.

　제20장에서는 '세상 사람들은 다 밝고 밝은데 나만 홀로 어두운 것 같고, 세상 사람들은 다 총명하고 총명한데 나만 홀로 바보 같구나.' 라고 하였다.

　제41장에서도 '밝은 道는 어두운 것 같고, 나아가는 道는 물러서는 것 같고, 평탄한 道는 울퉁불퉁한 것 같고, 뛰어난 덕은 골짜기 같고, 아주 흰 것은 더러운 것 같고, 넓은 덕은 모자라는 것 같고, 확고하게 세운 덕은 일시적인 것 같고, 소박하고 곧은 것은 변하는 것 같다.' 고 하였다.

제59장 치인사천(治人事天)

治人事天 莫若嗇 夫惟嗇 是謂早復 早復 謂之重積德.
치인사천 막약색 부유색 시이조복 조복 위지중적덕

重積德則無不克 無不克則莫知其極 莫知其極 可以
중적덕즉무불극 무불극즉막지기극 막지기극 가이

有國.
유국

有國之母 可以長久 是謂深根固柢 長生久視之道.
유국지모 가이장구 시위심근고저 장생구시지도

백성을 다스리고 하늘을 섬기는 데는 아끼는 것보다 좋은 방법은 없다.
대저 오직 아끼는 것, 이를 일찍 돌아간다고 말하고, 일찍 돌아가는 것,
이를 거듭 덕을 쌓는다고 말한다.

거듭 덕을 쌓으면 못하는 것이 없게 되고, 못하는 것이 없게 되면 그 끝
남을 알 수 없고, 그 끝남을 알 수 없게 되면 나라를 지닐 수 있게 된다.

나라를 지니는 어머니는 오래갈 수 있으니 이를 일러 뿌리가 깊고 튼튼
하다 하거니와 오래 생존하는 길이다.

【글자 뜻】 事:섬길 사. 일 사. 嗇:아낄 색. 復:회복할 복. 다시 부. 積:쌓
　　을 적. 重:거듭 중. 무거울 중. 克:능할 극. 이길 극. 極:극진할 극.
　　久:오랠 구. 柢:뿌리 저. 視:볼 시.

【말의 뜻】 治人事天:백성을 다스리고 하늘을 섬김. 莫如嗇:아낌만한 것
　　이 없음. 早復:빨리 돌아감. 重積德:거듭 無爲의 덕을 쌓음. 無不
　　克:하지 못함이 없음. 克은 能의 뜻. 莫知其極:그 끝남을 알지 못함.
　　有國:나라를 지님. 母:어머니. 근본. 重積德을 가리킴. 深根固柢:뿌

리가 깊고 튼튼함. 根은 옆뿌리. 柢는 곧은 뿌리. 久視:오래 삶. 눈을 깜박이지 않고 오래 봄. 道家에서는 久視를 長生의 비결로 삼음.

【뜻 풀이】 이 장에서는 마음의 기운을 아끼고 물욕을 초월하여 無爲의 덕을 쌓는 것이 정치와 양생(養生)의 근본임을 말한다.

　　백성을 다스리는 정치의 道에서든 天性을 지키는 養生의 道에서든 정력을 아끼고 욕심을 버리는 것보다 더 좋은 방법은 없다. 이와 같이 정신과 기운을 아끼고 욕심을 버리면 無爲의 덕을 일찍 축적하게 된다.

　　無爲의 덕이 많이 축적되면 못하는 일이 없게 되어 그 힘이 무한하며, 힘이 무한하면 나라도 잘 다스릴 수 있게 된다.

　　이와 같이 나라를 다스리는 힘의 근본인 無爲의 덕을 거듭 쌓는 것은 뿌리를 깊고 튼튼하게 하여 나라를 오래 보존하고 天命을 다하는 길이다.

　　제16장에서는 '무릇 만물은 그처럼 번성하되 각각 그 근원으로 다시 돌아가므로 이를 고요해짐이라 하고, 고요해짐을 천명으로 돌아감이라 하고, 천명으로 돌아감을 영원함이라 하고, 영원함을 아는 것을 지혜가 밝다고 한다.' 고 하였다.

　　제48장에서도 '학문을 배우면 날로 늘어나나 道를 닦으면 날로 줄어드니, 줄이고 또 줄이면 無爲에 이르게 되고, 無爲라야 하지 못하는 일이 없게 된다.' 고 하였다.

　　또 제54장에서도 '덕을 잘 세운 사람은 뽑히지 않고, 덕을 잘 지닌 사람은 벗어나지 않으니 자손 대대로 제사를 받들어 끊어지지 않는다.' 고 하였다.

　　그리고 맹자 告子篇 上에서는 '학문의 道는 다른 데 있는 것이 아니라 자기의 놓여난 마음을 구하는 데 있을 뿐이다.' 라고 하였다.

제60장 치대국(治大國)

治大國 若烹小鮮.
치 대 국 약 팽 소 선

以道莅天下 其鬼不神 非其鬼不神 其神不傷人 非其
이 도 리 천 하 기 귀 불 신 비 기 귀 불 신 기 신 불 상 인 비 기

神不傷 聖人亦不傷人.
신 불 상 성 인 역 불 상 인

夫兩不相傷 故德交歸焉.
부 양 불 상 상 고 덕 교 귀 언

큰 나라를 다스리는 것은 작은 생선을 끓이는 것과 같다.

道로써 천하에 임하면 귀신도 신령하지 못하다. 귀신이 신령하지 못한 것이 아니라 그 신령함이 사람을 상하게 하지 못한다. 신령함이 사람을 상하게 하지 못할 뿐 아니라 성인 또한 사람을 상하게 하지 못한다.

대저 둘이 서로 상하게 하지 못하기 때문에 덕이 이에 돌아가게 되는 것이다.

【글자 뜻】 烹:삶을 팽. 鮮:생선 선. 고울 선. 莅:임할 리. 鬼:귀신 귀. 神:신령할 신. 傷:상할 상. 交:교대할 교. 사귈 교. 焉:이에 언.

【말의 뜻】 若烹小鮮:작은 생선을 삶는 것 같음. 以道莅天下:道로써 천하에 임함. 鬼不神:귀신이 신령스럽지 못함. 神不傷人:신령스러움이 사람을 상하게 하지 못함. 德交歸焉:덕이 이에 돌아감. 焉은 '이에'의 뜻을 나타내는 대명사로 백성을 가리킴.

【뜻 풀이】 이 장에서는 無爲自然의 道로 다스리면 저절로 국태민안(國泰

民安)함을 말한다.

　나라를 다스리는 일은 마치 작은 생선을 요리하듯이 한다. 작은 생선을 휘저으면 뼈와 살이 흔적도 없이 뭉그러지므로 그대로 놔두어야 한다.

　無爲自然의 道로 천하를 다스리면 백성이 각기 자기 분수를 얻어 편안히 살게 된다. 그렇게 되면 귀신도 신통력을 발휘하지 못한다. 귀신이 신통력을 발휘하지 못하는 것이 아니라 백성이 악을 모르기 때문에 해칠 사람이 한 명도 없는 것이다. 귀신뿐 아니라 나라를 다스리는 위정자도 벌할 백성이 전혀 없게 된다.

　이와 같이 귀신이나 위정자나 다 같이 벌줄 사람이 없으므로 자연히 그들의 덕은 모두 백성에게로 돌아간다. 따라서 위정자가 無爲自然의 道로써 나라를 다스리면 그 나라의 백성은 모두 自然의 섭리에 따라 행복하게 살게 된다.

제61장 대국자하류(大國者下流)

大國者下流 天下之交 天下之牝 牝常以靜勝牡 以靜
대국자하류 천하지교 천하지빈 빈상이정승모 이정
爲下.
위하
故大國以下小國 則取小國 小國以下大國 則取大國
고대국이하소국 즉취소국 소국이하대국 즉취대국
故或下以取 或下而取.
고혹하이취 혹하이취
大國不過欲兼畜人 小國不過欲入事人 夫兩者各得其
대국불과욕겸축인 소국불과욕입사인 부량자각득기
所欲 故大者宜爲下.
소욕 고대자의위하

큰 나라는 강의 하류와 같다. 천하의 모든 물이 만나니 천하의 암컷이
다. 암컷은 항상 고요함으로써 수컷을 이기고, 고요함으로써 몸을 아래
에 둔다.

그러므로 큰 나라가 작은 나라 아래에 몸을 두면 작은 나라를 취하고,
작은 나라가 큰 나라 아래에 몸을 두면 큰 나라에 취해지게 된다. 그러므
로 혹은 몸을 아래에 둠으로써 취하고, 혹은 몸을 아래에 두어서 취해지
게 되는 것이다.

큰 나라는 남을 아울러 기르려 할 뿐이요, 작은 나라는 받아들여져 남
을 섬기려 할 뿐으로 대저 이처럼 양자는 각각 자기가 원하는 바를 얻게
마련이니 큰 자는 마땅히 몸을 아래에 두어야 한다.

【글자 뜻】流:흐를 류. 交:만날 교. 牝:암컷 빈. 靜:고요 정. 牡:수컷

모. 兼:겸할 겸. 畜:기를 축. 宜:마땅 의.

【말의 뜻】天下之交:모든 골짜기의 물이 만나는 곳, 즉 강의 하류. 牝常
以靜勝牡:암컷은 항상 고요함으로써 수컷을 이김. 取小國:작은 나라
를 취함. 작은 나라의 민심을 얻음. 取大國:큰 나라의 마음을 얻음.
큰 나라에 받아들여짐. 兼畜人:빠뜨리지 않고 사람을 살림. 欲入事
人:들어가서 사람을 섬기고자 함. 入은 入朝. 宜爲下:마땅히 아래가
되어야 함.

【뜻 풀이】이 장에서는 크고 강한 나라일수록 겸허한 태도를 취해야 천하
의 작은 나라들이 모두 순종하게 됨을 강의 하류와 여인에 비유하여 말
한다.

큰 나라를 강물에 비유하면 하류와 같다. 낮은 곳에 있어 모든 골짜
기의 냇물들이 모여들듯이 겸허한 태도를 취해야 천하의 작은 나라들
이 모두 따르게 되는 것이다. 또 큰 나라를 비유하면 암컷과 같다. 암
컷은 언제나 약하고 수동적이어서 겸손하게 아래에 있지만 강하고 능
동적인 수컷을 이겨낸다.

그러므로 큰 나라는 마땅히 강의 하류나 암컷처럼 몸을 낮추어 아
래에 두어야 하는 것이다. 만일 큰 나라가 몸을 낮추어 작은 나라들
아래에 둔다면 작은 나라들을 다스리게 되고, 작은 나라가 몸을 낮추
어 큰 나라 아래에 둔다면 큰 나라에 받아들여질 것이다.

이와 같이 큰 나라가 몸을 낮추면 작은 나라를 얻게 되고 작은 나라
가 몸을 낮추면 큰 나라에 받아들여지니, 결국 큰 나라는 온 천하의
백성을 고루 다스리려 함에 지나지 않고, 작은 나라는 큰 나라에 받아
들여져 큰 나라를 섬기려 함에 지나지 않는다. 이렇게 자신을 낮추면
큰 나라나 작은 나라나 각각 자기가 바라는 바를 얻을 수 있게 된다.

그러니 무엇보다도 몸을 낮은 곳에 두어야 한다.

제28장에서는 '그 수컷을 알고서 그 암컷을 지키면 천하의 시냇물이 되고, 천하의 시냇물이 되면 참다운 덕이 떠나지 않아 어린아이로 되돌아간다.'고 하였다.

제66장에서도 '강과 바다가 모든 골짜기의 왕이 될 수 있는 까닭은 그들 아래에 있기 때문이다. 그러므로 성인은 백성 위에 서고자 하면 반드시 말로써 그들 아래에 서며, 백성들 앞에 서고자 하면 반드시 몸을 그들 뒤에 둔다.'고 하였다.

맹자 梁惠王篇 下에 "齊宣王이 '이웃 나라와의 사귐에 道가 있습니까?' 하고 묻자 맹자가 대답하기를, '있습니다. 어진 사람만이 큼으로써 작은 것을 섬길 수 있으니, 이런 까닭에 湯王이 갈(葛)을 섬기고 文王이 곤이(昆夷)를 섬겼습니다. 지혜 있는 사람만이 작음으로써 큰 것을 섬길 수 있으니 太王은 육(鬻)을 섬기고 구천(句踐)이 吳를 섬긴 것입니다. 큼으로써 작은 것을 섬기는 사람은 하늘을 즐기는 사람이고 작음으로써 큰 것을 섬기면 하늘을 두려워하는 사람이니, 하늘을 즐기는 사람은 천하를 보전하고 하늘을 두려워하는 사람은 그 나라를 보전합니다.'라고 하였다."는 대목이 있다.

제62장 도자만물지오(道者萬物之奧)

道者萬物之奧 善人之寶 不善人之所保 美言可以市
도 자 만 물 지 오 선 인 지 보 불 선 인 지 소 보 미 언 가 이 시

尊行可以加人 人之不善 何棄之有.
존 행 가 이 가 인 인 지 불 선 하 기 지 유

故立天子 置三公 雖有拱璧以先駟馬 不如坐進此道.
고 입 천 자 치 삼 공 수 유 공 벽 이 선 사 마 불 여 좌 진 차 도

古之所以貴此道者何 不曰求以得 有罪以免耶 故爲天
고 지 소 이 귀 차 도 자 하 불 왈 구 이 득 유 죄 이 면 야 고 위 천

下貴.
하 귀

　道는 만물의 근본이니 착한 사람에게는 보배가 되고 착하지 않은 사람에게는 몸을 보전하는 바가 된다. 아름다운 말은 세상에 팔리고 훌륭한 행실은 사람에게 더해질 수 있으니 사람이 착하지 못하더라도 어찌 버릴 것이 있으랴!

　그러므로 天子를 세우고 三公을 두어 비록 아름드리 구슬을 사마(駟馬)에 앞질러 바친다 할지라도 앉아서 道를 아룀만 못하다.

　옛사람들이 道를 귀하게 여긴 까닭은 무엇인가? '구하면 얻고 죄가 있으면 벗어난다.'고 하지 않았던가? 그러므로 천하에서 가장 귀한 것이다.

【글자 뜻】奧:아랫목 오.　保:보전할 보.　市:흥정할 시. 저자 시.　棄:버릴 기.　置:둘 치.　拱:한아름 공.　璧:구슬 벽.　駟:사마 사.　免:면할 면.

【말의 뜻】萬物之奧:만물의 근본. 奧는 집의 서남쪽 구석.　所保:몸을 보전하는 바.　市:팔림.　加人:사람에게 더해짐. 사람에게 베풀어짐.　何

棄之有:어찌 버릴 것이 있으랴. 立天子:천자를 세움. 置三公:三公을
둠. 三公은 太師·太傅·太保. 拱璧:한 아름 되는 큰 구슬. 駟馬:네
필의 말이 끄는 수레. 坐進此道:道를 앉아서 進言함. 所以:까닭. 不
曰:말하지 않았던가. 求以得 有罪以免:구하면 얻고 죄가 있으면 벗어
남. 전해 오는 격언. 爲天下貴:천하에서 가장 귀한 것.

【뜻 풀이】 이 장에서는 無爲自然의 道는 만물의 근본이요 천하의 보배로,
착한 사람에게나 착하지 못한 사람에게나 귀한 것임을 말한다.

無爲自然의 道는 천하 만물의 근본이기에 착한 사람이 道를 지니면
보배가 되고 착하지 못한 사람도 道를 지니면 몸을 보전할 수 있다. 道
에서 나온 아름다운 말은 값진 보배처럼 팔려 세상에 널리 전파되고,
道에서 나온 훌륭한 행실은 모든 사람에게 널리 미칠 것이니 설사 악
한 사람이 있다 할지라도 그대로 버려 두지 않을 것이다.

무릇 훌륭한 천자를 세우고 三公을 두어 천하를 다스리게 하는 것
은 착한 사람이든 악한 사람이든 온 천하의 백성을 모두 착하고 잘 살
게 하기 위해서인 것이다. 그러므로 위정자에게는 아름드리 구슬이나
네 필의 준마를 보배로 바치기보다는 조용히 앉아 참다운 無爲自然의
道를 말하는 것이 천하의 보물을 주는 길이다.

그러면 옛사람들이 이 無爲自然의 道를 귀하게 여긴 까닭은 무엇인
가? 그것은 다름이 아니라 착한 사람이 이 道로써 구하면 무엇이든 얻
지 못하는 것이 없고, 설사 악한 사람이라도 이 道를 깨달으면 잘못을
뉘우치고 착한 길로 돌아가기 때문이다. 그러므로 無爲自然의 道야말
로 천하에서 가장 값진 보배인 것이다.

제22장에서는 '이런 까닭으로 성인은 한결같이 道를 지녀 천하의
법도가 된다.'고 하였다.

제32장에서도 '道의 본체는 이름이 없으니 통나무가 비록 작을지라도 천하의 누구라도 감히 신하로 부리지 못한다. 임금이 만일 이를 지킬 수 있다면 만물은 스스로 손님으로 오게 될 것이다.' 라고 하였다.

또 제35장에서도 '道에 대한 말은 담담하여 그 맛이 없다. 보아도 족히 볼 수 없고 들어도 족히 들을 수 없으나 그것을 쓴다면 아무리 써도 다함이 없다.'고 하였다.

그리고 제10장에서도 '백성을 사랑하고 나라를 다스림에 능히 無爲를 행할 수 있겠는가? 하늘의 문이 열리고 닫혀도 능히 암컷일 수 있겠는가? 모든 일을 명백하게 알아 막힘이 없으면서도 능히 無知한 사람 같을 수 있겠는가?' 라고 하였다.

또 맹자 盡心篇 上에도 '구하면 이를 얻고 놓으면 이를 잃어버린다.'고 하였다.

제63장 위무위(爲無爲)

爲無爲 事無事 味無味 大小多少 報怨以德 圖難於其
위무위 사무사 미무미 대소다소 보원이덕 도난어기
易 爲大於其細.
이 위대어기세
天下難事 必作於易 天下大事 必作於細 是以聖人 終
천하난사 필작어이 천하대사 필작어세 시이성인 종
不爲大 故能成其大.
불위대 고능성기대
夫輕諾必寡信 多易必多難 是以聖人 猶難之 故終無難.
부경락필과신 다이필다난 시이성인 유난지 고종무난

無爲를 행하고, 無事를 일하고, 맛없는 것을 맛보고, 작은 것을 크게
적은 것을 많게 알고, 원망을 덕으로써 갚고, 어려운 일은 쉬울 때 도모
하고, 큰일은 작을 때 해결한다.

천하의 어려운 일은 반드시 쉬운 일에서 시작되고, 천하의 큰일은 반드
시 작은 일에서 시작된다. 이런 까닭으로 성인은 큰일을 하려 하지 않기
에 마침내 큰일을 이루어낼 수 있다.

무릇 가벼이 승낙하면 반드시 믿음이 적고, 너무 쉽게 생각하면 반드시
크게 어려움을 당하게 된다. 이런 까닭으로 성인은 오히려 어렵게 여기기
때문에 마침내 어려움을 당하지 않는 것이다.

【글자 뜻】味:맛 미. 報:갚을 보. 怨:원망할 원. 圖:도모할 도. 그림 도.
難:어려울 난. 易:쉬울 이. 細:작을 세. 가늘 세. 終:마침내 종. 輕:
가벼울 경. 諾:허락할 락. 寡:적을 과. 猶:오히려 유.
【말의 뜻】爲無爲:無爲를 행함. 事無事:일 없음을 일함. 味無味:맛없는

것을 맛봄. 제35장에서도 道之出口 淡乎其無味라고 하였음.   大小多少:작은 것을 크게 알고 적은 것을 많이 알아, 어려움과 위태함이 없음.   報怨以德:원한을 덕으로써 갚음.   圖難於其易:어려움은 쉬울 때 도모함.   爲大於其細:큰일은 작을 때 행함.   天下難事 必作於易:세상의 어려운 일은 반드시 쉬운 일에서 시작됨.   終不爲大:마침내 큰일을 하려 하지 않음.   輕諾必寡信:가벼이 승낙함은 반드시 믿음이 적음. 多易必多難:일을 너무 쉽게 알면 반드시 많은 어려움을 당함.   終無難:마침내 어려움을 당하지 않음.

【뜻 풀이】 이 장에서는 無爲自然의 道를 체득한 성인의 생활태도를 밝히고 있다.

　無爲는 아무것도 하지 않는 것이 아니라 인위적인 지혜와 꾀로 하지 않고 自然의 법칙에 따라 행하는 것이요, 無事는 인위적으로 일을 하지 않고 自然에 따라 일하는 것이요, 無味란 부귀나 공명의 달콤한 생활이 아니라 사리사욕을 초월한 담담한 생활태도를 말하는 것이다.

　無爲自然의 道를 체득한 사람은 인위적인 지혜를 버리고 無爲를 행하며, 일을 꾸며서 인위적으로 하지 않고 自然에 따라 일하며, 뜬구름 같은 부귀와 공명의 달콤한 생활을 버리고 보리밥에 된장찌개처럼 담담한 참맛을 맛보며 살아간다.

　또한 항상 겸손하고 행동을 삼가하여 작은 것도 크게 보고 적게 받아도 많은 것으로 알며, 남이 서운하게 대해도 그를 원망하지 않고 도리어 덕으로 갚기 때문에 어려운 고비나 위태로운 처지에 놓이는 일이 없다. 그리고 어려운 일은 미리 알아 쉬울 때 도모하고 큰일은 작은 일일 때부터 막아 해결할 수 있다.

　무릇 세상 이치란 아무리 어려운 일도 그 발단은 쉬운 일로부터 시작되며 아무리 큰일도 보잘것없는 작은 일에서 시작된다. 그렇지만 無爲의 道를 지닌 사람은 굳이 인위적으로 큰일을 하려 하지 않고 自然의 道에 따라 작은 것부터 키워 나가기 때문에 마침내 큰일을 이룰 수 있는 것이다.

또 쉽게 승낙하는 말은 신의를 지키기 어렵고, 작은 어려움도 그 씨앗을 내버려 두면 큰 어려움을 당하게 된다. 그런데 無爲自然의 道를 체득한 사람은 아무리 쉬운 일도 어렵게 알아 미리 처리하기 때문에 결코 큰 어려움을 당하는 일이 없다.

제37장에서는 '道의 본체는 하는 일이 없지만 하지 않는 일도 없다. 그러므로 君主가 이를 지킬 수 있다면 모든 백성이 저절로 化育된다.'고 하였다.

또 제57장에서도 '내가 無爲로 다스리면 백성은 저절로 교화되고, 내가 고요함을 좋아하면 백성은 저절로 바르게 되고, 내가 일함이 없으면 백성은 저절로 부유해지고, 내가 욕심이 없으면 백성은 저절로 순박해진다.'고 하였다.

또 제49장에서도 '선한 자를 선하게 여기고 선하지 않은 자 또한 선하게 여기니 덕은 선하기 때문이다. 진실한 자를 진실하게 여기고 진실하지 못한 자 또한 진실하게 여기니 덕은 진실하기 때문이다.'라고 하였다.

제64장 기안이지(其安易持)

其安易持 其未兆易謀 其脆易破 其微易散 爲之於未
기안이지 기미조이모 기취이파 기미이산 위지어미

有 治之於未亂.
유 치지어미란

合抱之木 生於毫末 九層之臺 起於累土 千里之行 始
합포지목 생어호말 구층지대 기어루토 천리지행 시

於足下.
어족하

爲者敗之 執者失之 聖人無爲故無敗 無執故無失.
위자패지 집자실지 성인무위고무패 무집고무실

民之從事 常於幾成而敗之 愼終如始 則無敗事.
민지종사 상어기성이패지 신종여시 칙무패사

是以聖人 欲不欲 不貴難得之貨 學不學 復衆人之所
시이성인 욕불욕 불귀난득지화 학불학 복중인지소

過 以輔萬物之自然 而不敢焉.
과 이보만물지자연 이불감언

안정된 것은 유지하기 쉬우나 아직 나타나지 않은 것은 도모하기 쉽고, 연약한 것은 깨지기 쉽고, 미약한 것은 흩어지기 쉽다. 따라서 아직 생겨나기 전에 처리하고, 아직 어지러워지기 전에 다스려야 하는 것이다.

아름드리 나무도 터럭 끝 같은 씨앗에서 생겨나고, 9층 누각도 흙 한 삼태기를 쌓는 데서 이루어지고, 천 리 먼 길도 한 걸음부터 시작된다.

억지로 행하는 자는 실패하고, 억지로 붙잡는 자는 잃는다. 그렇지만 성인은 無爲하기 때문에 실패하지 않으며 집착하지 않기 때문에 잃는 일이 없다.

세상 사람들이 일을 할 때는 거의 이루려다가 실패하기 일쑤인데 나중에 삼가기를 처음처럼 한다면 실패하는 일이 없을 것이다.

　이런 까닭으로 성인은 욕심내지 않기를 욕심내고, 얻기 힘든 재물을 소중히 여기지 않으며, 배우지 않음을 배움으로 삼고, 여러 사람들이 지나치는 바를 되돌림으로써 만물을 있는 그대로 도와 인위적으로 하려 하지 않는다.

【글자 뜻】 易:쉬울 이.　持:가질 지.　兆:징조 조.　謀:꾀할 모.　脆:약할
취.　破:깨뜨릴 파.　微:적을 미.　散:흩어질 산.　抱:안을 포.　毫:터럭
호.　臺:집 대.　累:여러 루.　執:잡을 집.　從:좇을 종.　幾:거의 기. 몇
기.　愼:삼갈 신.　終:마침 종.　欲:욕심 욕. 하고자 할 욕.　貨:재물 화.
復:회복할 복.　過:지날 과.　輔:도울 보.　敢:구태여 감.

【말의 뜻】 其安易持:안정된 것은 유지하기 쉬움.　未兆易謀:아직 징조가
나타나기 전에는 도모하기 쉬움.　脆易破:약한 것은 깨지기 쉬움.　微
易散:미약한 것은 흩어지기 쉬움.　合抱之木:한아름 되는 나무.　毫末:
터럭의 끝. 작은 씨앗을 가리킴.　九層之臺:아홉 층이나 되는 누각.
累土:한 삼태기씩 흙을 쌓아올림.　始於足下:한 걸음부터 시작됨.　爲
者:인위적으로 하는 사람.　民之從事:세상 사람들이 일에 종사함.　幾
成:거의 이루어짐.　愼終如始:나중에 삼가기를 처음처럼 함.　欲不欲:
욕심내지 않는 마음을 욕심냄.　學不學:인위적인 지혜 버리기를 배움.
不敢爲:감히 인위적으로 하지 않음.

【뜻 풀이】 이 장에서는 앞 장을 이어받아 無爲自然의 道를 지녀 삼가고
조심하면 실패가 없음을 말한다.

　無爲自然의 道에 안정되어 있으면 몸을 유지해 나가기 쉽다. 그러나 인위적인 지혜나 욕심은 커진 뒤에 막아내기 어려우므로 싹트기

전에 다스려야 한다. 대개 아직 싹트기 전에는 뿌리 뽑기 쉽고, 연약할 때 깨뜨리기 쉽고, 미약할 때 분산시키기 쉬운 법이다. 그러므로 이와 같은 화근은 나타나기 전에 처리하고 어지러워지기 전에 미리 다스려야 한다.

생각하면 아름드리 큰 나무도 당초에는 작은 씨앗에서 자라난 것이고, 아홉 층이나 되는 고루거각(高樓巨閣)도 처음에는 한 삼태기씩 쌓아올린 토대로부터 시작된 것이며, 천 리 먼 길도 발 밑의 한 걸음부터 시작된 것임을 명심해야 한다.

인위적으로 무리하게 일을 하는 사람은 반드시 실패하고, 명예나 이익을 붙잡고 늘어지는 사람은 반드시 이를 잃는다. 그렇지만 無爲自然의 道를 지닌 사람은 인위적으로 하지 않기 때문에 실패하는 일이 없고, 굳이 붙잡고 늘어지지 않기 때문에 잃는 일도 없다.

그런데 세상 사람들이 일하는 것을 보면 대체로 거의 이루어지는 듯하다가 실패하고 만다. 그렇지만 처음처럼 조심하고 삼가기를 끝까지 한다면 실패하는 일이 없을 것이다.

그러므로 無爲自然의 道를 체득한 성인은 세상 사람들이 욕심내는 명예나 이득을 버리고 구하기 어려운 값진 보물도 천하게 여기며, 인위적인 지혜 버리기를 배우고 많은 사람들이 지나쳐 버리는 無爲自然에 머무는 것이다. 이리하여 모든 사람과 사물이 본성 그대로 지닐 수 있도록 돕지만 절대로 인위적으로 하는 일이 없다.

여기에 나온 '만물을 자연 그대로 도와 감히 인위적인 일을 하지 않는다.'는 말은 노자 학설의 본령(本領)이라 하겠다.

제9장에서는 '금과 옥이 집에 가득하면 지킬 수 없고, 부귀하면서 교만하면 스스로 재앙을 끼치게 된다. 공을 이루면 물러나는 것은 하늘의 道이다.'라고 하였다.

제29장에서도 '천하를 취하려 애쓴 이들, 내 그 얻지 못함을 보았을 뿐이다. 천하는 신령스러운 그릇이어서 인위적으로는 되지 않는 법이다. 인위적으로 하는 자는 실패하고, 인위적으로 잡는 자는 그것을 잃는다.'고 하였다.

제38장에서도 '뛰어난 仁을 지닌 사람은 그것을 하되 인위적인 데가 없고, 뛰어난 義를 지닌 사람은 그것을 하되 인위적인 데가 있으며, 뛰어난 禮를 지닌 사람은 그것을 하되 이에 응하지 않으면 팔을 걷어붙이고 덤벼든다.'고 하였다.

또 제3장에서도 '현명함을 숭상하지 않는다면 백성들로 하여금 다투지 않게 할 수 있고, 얻기 어려운 재물을 귀하게 여기지 않는다면 백성들로 하여금 도둑질을 하지 않게 할 수 있고, 욕심낼 것을 보이지 않는다면 백성들로 하여금 마음을 어지럽히지 않을 수 있다.'고 하였다.

제65장 고지선위도(古之善爲道)

古之善爲道者 非以明民 將以愚之 民之難治 以其智多.
고지선위도자 비이명민 장이우지 민지난치 이기지다

故以智治國 國之賊 不以智治國 國之福.
고이지치국 국지적 불이지치국 국지복

知此兩者 亦楷式 能知楷式 是謂玄德 玄德深矣遠矣
지차양자 역해식 능지해식 시위현덕 현덕심의원의

與物反矣 乃至於大順.
여물반의 내지어대순

　옛날 無爲自然의 道를 잘 행하는 사람은 백성을 현명하게 만들려 하지 않고 어리석게 만들려 했다. 백성을 다스리기 어려운 것은 그들이 지혜가 많기 때문이다.

　그러므로 지혜로 나라를 다스리는 것은 나라에 해독이 되고, 지혜로 나라를 다스리지 않는 것이 나라에 복이 된다.

　이 두 가지를 아는 것 또한 나라를 다스리는 법칙이니, 이 법칙을 아는 것을 일러 현묘한 덕이라 한다. 현묘한 덕은 깊고도 멀어서 사물과는 반대되지만 마침내 道와의 합치에 이르게 된다.

【글자 뜻】愚:어리석을 우.　難:어려울 난.　智:지혜 지.　賊:해칠 적. 도둑 적.　楷:본보기 해. 해서 해.　式:법 식.　反:엎칠 반. 돌이킬 반.

【말의 뜻】善爲道者:道를 잘 행하는 사람.　明民:백성들을 현명하게 만듦.　愚之:어리석게 만듦.　難治:다스리기 어려움.　以其智多:그들의 지혜가 많기 때문.　國之賊:나라를 해침.　楷式:법칙. 법도. 표준.　玄德:현묘하여 알 수 없는 덕.　與物反矣:사물과는 반대가 됨.　大順:道

에 합치됨.

【뜻 풀이】 이 장에서는 나라를 다스리는 법도는 自然에 순응하는 질박(質
樸)함을 근본으로 삼고 인위적인 지혜를 물리쳐야 함을 말한다.

　　옛날 無爲自然의 道에 따라 나라를 잘 다스렸던 임금은 백성이 총
명해지도록 하지 않고 우직하며 소박해지도록 하였다. 임금이 백성을
다스리기 어려운 것은 인위적이고 간사한 지혜가 발달하여 백성들이
사리사욕에 악용함으로써 온갖 악행을 저지르기 때문이다.

　　그러므로 임금이 지혜로 백성을 다스리면 백성도 간사한 지혜를 존
중하여 부귀한 사람이나 빈천한 사람이나 모두 지혜로써 사리사욕을
도모하여 나라의 큰 해가 된다. 그러나 임금이 간사한 지혜를 물리치
고 無爲自然의 덕으로 백성을 다스리면 백성 또한 소박하고 천진함을
잃지 않아 나라가 저절로 다스려져 복을 받게 된다.

　　이 두 가지 이치를 깨달아 아는 것이 나라를 다스리는 법도이고, 이
법도를 알아 간사한 지혜를 버리고 無爲自然의 道로 나라를 다스리는
덕을 현덕(玄德)이라고 한다.

　　현덕이란 원래 한없이 깊고 한없이 멀어서 얼핏 보기에는 세상 사
물과는 반대되는 것 같지만 긴 안목으로 내다보면 이것이 곧 無爲自
然의 道에 합치되는 것이다.

　　제3장에서는 '성인의 정치는 마음을 비우게 하고 배를 채워 주며,
뜻을 약하게 해 주고 뼈를 튼튼하게 해 주는 것이다.' 라고 하였다.

　　또 제56장에서도 '아는 사람은 말하지 않고, 말하는 사람은 알지
못한다. 욕심의 구멍을 막고 마음의 문을 닫으며, 날카로운 기운을 꺾
고 뒤얽힌 생각을 풀며, 지혜의 빛을 늦추고 세속에 동화하는 것, 이
것을 道와의 현묘한 합치라고 말한다.' 고 하였다.

그리고 제58장에서도 '정치가 어둑하면 백성이 순박하고, 정치가 밝으면 백성이 만족하지 못한다.'고 하였다.

또 帝王世紀에서는 '해 뜨면 나가 일하고 해 지면 들어와 쉬네. 우물을 파서 샘물을 마시고 밭을 갈아 음식을 먹으니 임금의 힘이 어찌 나에게 있으리오.'라고 노래하였다.

제66장 강해위백곡왕(江海爲百谷王)

江海所以能爲百谷王者 以其善下之 故能爲百谷王.
강해소이능위백곡왕자 이기선하지 고능위백곡왕

是以聖人欲上民 必以言下之 欲先民 必以身後之.
시이성인욕상민 필이언하지 욕선민 필이신후지

是以聖人處上而民不重 處前而民不害 是以天下 樂推
시이성인처상이민부중 처전이민불해 시이천하 락추

而不厭 以其不爭 故天下莫能與之爭.
이불염 이기부쟁 고천하막능여지쟁

강과 바다가 모든 골짜기의 왕이 될 수 있는 까닭은 그 아래에 처하기 때문에 그렇게 될 수 있는 것이다.

그러므로 성인은 백성 위에 서고자 하면 반드시 말로써 그 아래에 서며, 백성 앞에 서고자 하면 반드시 몸을 그 뒤에 둔다.

이에 성인이 위에 처해도 백성은 무거워하지 않고, 앞에 처해도 백성은 해롭게 여기지 않는다. 그러므로 천하가 그를 즐거이 추대하여 싫어하지 않는 까닭은 다투려 하지 않기 때문이며 따라서 천하 사람들이 그와 더불어 다툴 수 없는 것이다.

【글자 뜻】害:해할 해. 樂:즐거울 락. 推:밀 추. 厭:싫어할 염. 爭:다툴 쟁.

【말의 뜻】江海:큰 강과 바다. 임금에 비유한 것임. 百谷:모든 골짜기의 물. 백성에 비유한 것임. 善下之:그 아래에 처함. 欲上民:백성 위에 서고자 함. 欲先民:백성 앞에 서고자 함. 處上而民不重:위에 처해도 백성이 무겁게 여기지 않음. 民不害:백성이 해롭게 여기지 않음. 樂

推而不厭:즐거이 추대하여 싫어하지 않음.   莫能與之爭:그와 더불어 다툴 수 없음.

【뜻 풀이】이 장에서는 임금이 스스로 몸을 낮추어 겸허하면 천하의 백성이 저절로 따르게 됨을 물이 강이나 바다로 흘러내림에 비유하여 말한다.

　큰 강과 바다가 모든 골짜기에서 흘러내리는 물의 왕이 될 수 있는 까닭은 강이나 바다가 낮은 곳에 있어서 모든 물이 다 그리로 흘러들기 때문이다.

　그러므로 無爲自然의 道를 체득한 임금은 백성 위에서 임금 노릇을 하기 위해 자신을 낮추어 고(孤)니 과인(寡人)이니 불곡(不穀)이라 말하고, 백성 앞에 나서기 위해 자신의 몸을 뒤에 두기 때문에 백성이 그의 덕을 흠모하여 임금으로 추대하는 것이다.

　그러므로 이처럼 위대한 임금은 백성 위에 있어도 백성이 그를 조금도 무겁게 여기지 않고, 백성 앞에 있어도 조금도 주체궂게 여기지 않는다. 이리하여 온 천하 백성이 그를 추대하여 임금으로 삼아도 싫어하는 사람이 하나도 없고, 스스로 겸손하여 한 사람도 그와 다툴 수가 없다.

　제8장에서는 '최고의 善은 물과 같다. 물은 만물을 이롭게 하면서도 다투지 않고, 모든 사람이 싫어하는 낮은 곳에 처한다. 그러므로 道에 가까운 것이다.' 라고 하였다.

　제22장에서도 '스스로 나타내지 않기에 드러나고, 스스로 뽐내지 않기에 공을 이루고, 스스로 자랑하지 않기에 오래간다. 무릇 오직 다투지 않기에 천하에 그와 다툴 사람이 없는 것이다.' 라고 하였다.

　또 제32장에서도 '비유컨대 道가 천하에 있음은 마치 내와 골짜기의 물이 강과 바다로 흘러 들어감과 같다.' 고 하였다.

제67장 천하개위(天下皆謂)

天下皆謂我大似不肖 夫惟大 故似不肖 若肖 久矣其
천 하 개 위 아 대 사 불 초　부 유 대　고 사 불 초　약 초　구 의 기

細也夫.
세 야 부

我有三寶 寶而持之 一曰慈 二曰儉 三曰不敢爲天下先
아 유 삼 보 보 이 지 지　일 왈 자　이 왈 검　삼 왈 불 감 위 천 하 선

慈故能勇 儉故能廣 不敢爲天下先 故能成器長.
자 고 능 용 검 고 능 광 불 감 위 천 하 선 고 능 성 기 장

今舍慈且勇 舍儉且廣 舍後且先 死矣.
금 사 자 차 용 사 검 차 광 사 후 차 선 사 의

夫慈以戰則勝 以守則固 天將救之 以慈衛之.
부 자 이 전 즉 승 이 수 즉 고 천 장 구 지 이 자 위 지

천하는 모두 나를 크기는 하되 어리석은 것 같다고 말한다. 대저 크기 때문에 어리석어 보이는 것이다. 만일 똑똑하다면 오래 전부터 작았을 것이다.

나에게는 세 가지 보배가 있어 그것을 소중히 지니고 있다. 첫째는 인자함이요, 둘째는 검소함이요, 셋째는 감히 천하에 앞서지 않음이다. 인자하기에 용감할 수 있고, 검소하기에 널리 베풀 수 있고, 감히 천하에 앞서지 않기에 만민의 임금이 될 수 있는 것이다.

그런데 이제 인자함을 버리고 용감해지려 하고, 검소함을 버리고 널리 베풀려 하고, 물러서는 것을 버리고 남의 앞에 서려 한다면 결국 패망할 것이다.

무릇 인자함으로써 싸우면 이기고, 이로써 지키면 견고하다. 하늘도 도와줄 것이니 인자함으로써 스스로를 지키기 때문이다.

【글자 뜻】似:같을 사. 肖:닮을 초. 久:오랠 구. 細:작을 세. 가늘 세. 夫:어조사 부. 寶:보배 보. 持:가질 지. 慈:인자할 자. 儉:검소할 검. 勇:날랠 용. 器:그릇 기. 舍:놓을 사. 집 사. 且:또 차. 守:지킬 수. 固:굳을 고. 將:장차 장. 장수 장. 救:구원할 구. 衛:지킬 위.

【말의 뜻】不肖:어리석음. 부모를 닮지 못하여 똑똑하지 않다는 뜻에서 온 말. 肖:똑똑함. 현명함. 久矣其細:그 작음이 오래되었다. 其細久矣의 倒置法. 持之:지녀 지킴. 不敢爲天下先:감히 천하에 앞서지 않음. 舍後의 後와 같은 뜻. 能廣:널리 베풀 수 있음. 器長:모든 관리의 어른, 즉 임금을 뜻함. 舍慈且勇:인자함을 버리고 용감해지려 함. 舍後且先:뒤로 물러서는 것을 버리고 앞에 나서려 함. 死矣:패망할 것임. 慈以戰則勝:인자함으로써 싸우면 이김. 天將救之:하늘도 그를 구원하려 함. 以慈衛之:인자함으로써 자기 몸을 지킴.

【뜻 풀이】 이 장에서는 노자가 어리석음을 존중하고 세 가지 보배를 귀하게 여기는 까닭을 말한다. 세 가지 보배란 곧 인자함과 검소함과 겸손함이다.

　세상 사람들은 모두 내 無爲自然의 道가 크기는 하지만 어리석어 보인다고 말한다. 그러나 크기 때문에 어리석어 보이는 것이니 보통 사람들 눈에 똑똑해 보인다면 영리한 小人에 불과할 것이다. 어찌 그 똑똑함을 존중할 것이 있으랴!

　내가 보배로이 여겨 지니고 지켜 나가는 세 가지 보배가 있으니 그것은 첫째 인자함이요, 둘째 검소함이요, 셋째 겸손함이다. 첫째, 인자하여 천하 만물을 사랑하기에 용감히 불의를 쳐부술 수 있고 둘째, 검소하기에 모든 백성에게 널리 덕을 베풀어 줄 수 있고 셋째, 겸손하여 남 앞에 나서려 다투지 않기에 모든 백성이 추대하여 임금으로 삼는다.

그런데 오늘날 세상 사람들은 인자함을 버려 백성을 사랑하지 않고 만용을 부려 이웃 나라에 쳐들어가며, 스스로 방탕하고 사치스러운 생활을 하면서 널리 덕이 퍼져 영토가 넓어지기를 바라며, 나보다 나은 사람을 누르고 위에 올라서서 임금이 되려 하는데, 이런 사람들은 반드시 패망하고 말 것이다.

그중에서도 인자함이란 하늘과 땅이 만물을 길러내는 것과 같은 사랑이다. 위정자가 이와 같은 사랑으로 다스린다면 백성은 감동하여 인화(人和)가 저절로 이루어질 것이니 이러한 나라는 나아가 싸우면 반드시 이기고, 들어와 지키면 반드시 외적을 물러가게 할 수 있는 것이다.

그러기에 맹자도 '하늘의 때는 땅의 이점만 못하고, 땅의 이점은 인화(人和)만 못하다.(天時不如地利 地利不如人和)'고 했던 것이다.

이와 같이 인자한 사람은 하늘도 도와주려 하는데 이것은 인자함으로써 자기 자신을 지키기 때문이다.

제28장에서는 '통나무가 흩어지면 그릇이 되고, 성인이 이것을 쓰면 君主가 된다. 그러므로 큰 재목은 쪼개지 않는 법이다.' 라고 하였다.

또 제38장에서도 '뛰어난 덕을 지닌 사람은 덕을 마음에 두지 않기 때문에 덕을 지니게 되나, 덕이 적은 사람은 덕을 잃지 않으려고 애쓰기 때문에 덕이 없게 마련이다. 뛰어난 덕을 지닌 사람은 하는 바가 없으니 인위적인 데가 없고, 덕이 적은 사람은 억지로 하여 인위적인 데가 있게 마련이다.' 라고 하였다.

제68장 선위사자(善爲士者)

善爲士者不武 善戰者不怒 善勝敵者不與 善用人者爲
선 위 사 자 불 무 선 전 자 불 노 선 승 적 자 불 여 선 용 인 자 위
之下.
지 하
是謂不爭之德 是謂用之力 是謂配天 古之極.
시 위 부 쟁 지 덕 시 위 용 지 력 시 위 배 천 고 지 극

　훌륭한 士官은 남을 앞지르지 않고, 잘 싸우는 사람은 성내지 않고, 적
을 잘 이기는 사람은 어울려 싸우지 않고, 사람을 잘 쓰는 사람은 그 아
래에 몸을 둔다.
　이를 일러 다투지 않는 덕이라 하고, 이를 일러 사람을 부리는 힘이라
하며, 이를 일러 하늘의 道에 합치된다 하니 옛날 道의 극치인 것이다.

【글자 뜻】士:사관 사. 선비 사. 武:날랠 무. 호반 무. 怒:성낼 노. 與:더
　불어 여. 配:짝 배. 極:극진할 극.
【말의 뜻】善爲士者:훌륭한 사관. 옛날 전쟁에서 戰車를 사용했는데 세
　명의 甲士(士官)가 탔다. 왼쪽 甲士는 활을 잡고 오른쪽 甲士는 창을
　들고 가운데 甲士는 戰車를 몰았다. 7명의 병졸이 따랐다. 不武:무공
　을 세우려고 동료를 앞지르지 않음. 善戰者不怒:싸움을 잘하는 사람
　은 성내지 않음. 善勝敵者不與:적군에게 잘 이기는 사람은 어울려 다
　투지 않음. 爲之下:사람들의 아래에 처함. 不爭之德:다투지 않는 위
　대한 덕. 配天:하늘의 道에 합치됨. 古之極:옛날 道의 극치임.

【뜻 풀이】 이 장에서는 無爲自然의 道를 지닌 사람의 다투지 않는 위대한

덕을 전쟁으로 비유하여 말한다.

훌륭한 士官은 공을 세우기 위해 남을 앞지르다 자기 목숨을 잃거나 부하 병졸들을 희생시키지 않고, 싸움을 잘하는 장군은 일시적인 분노에 이끌려 병력을 출동시킴으로써 부하 병사들을 희생시키지 않으며, 적군에게 잘 이기는 사람은 적군과 맞붙어 싸우지 않고, 사람을 잘 부리는 사람은 스스로 겸손하여 자신을 그들 아래에 둔다.

이것을 남과 다투지 않는 위대한 덕이라 하고, 사람을 잘 부리는 힘이라 하고, 하늘의 道에 합치되는 길이라 하니 곧 無爲自然의 道의 극치인 것이다.

제66장에서는 '강과 바다가 모든 골짜기의 왕이 될 수 있는 까닭은 그 아래에 처하기 때문에 그렇게 될 수 있는 것이다. 이런 까닭으로 성인은 백성 위에 서고자 하면 반드시 말로써 그 아래에 서며, 백성 앞에 서고자 하면 반드시 몸을 그 뒤에 둔다.' 라고 하였다.

또 손자 謀攻篇에도 '백 번 싸워 백 번 이기는 것이 최선의 장군이 아니고, 싸우지 않고서 적군을 굴복시키는 것이 최선의 장군이다.' 라고 하였다.

제73장에서도 '하늘의 道는 다투지 않아도 잘 이기고, 말하지 않아도 잘 응하고, 부르지 않아도 스스로 오고, 느릿느릿해도 잘 도모한다.' 고 하였다.

제69장 용병유언(用兵有言)

用兵有言 吾不敢爲主而爲客 不敢進寸而退尺 是謂
용병유언 오불감위주이위객 불감진촌이퇴척 시위

行無行 攘無臂 仍無敵 執無兵.
행무행 양무비 잉무적 집무병

禍莫大於輕敵 輕敵幾喪吾寶 故抗兵相加 哀者勝矣.
화막대어경적 경적기상오보 고항병상가 애자승의

兵法에 이런 말이 있다.

"내가 감히 주동이 되지 말고 피동(被動)이 되며, 감히 한 치를 전진하지 말고 한 자를 후퇴하라."

이것을 행렬 없는 행군, 팔 없는 휘두름, 적군 없는 나아감, 무기 없는 것을 잡음이라고 말한다.

적군을 가벼이 여기는 것보다 더 큰 재앙이 없으니 적군을 가벼이 여기면 나의 보배를 잃게 될 것이다. 그러므로 무기를 들고 서로 싸우면 불쌍히 여기는 자가 이기게 된다.

【글자 뜻】敢:구태여 감. 退:물러갈 퇴. 攘:물리칠 양. 臂:팔뚝 비. 仍:
　　나아갈 잉. 執:잡을 집. 禍:재앙 화. 輕:가벼울 경. 幾:거의 기. 喪:
　　잃을 상. 상사 장. 抗:들 항. 哀:슬플 애.

【말의 뜻】用兵:병법. 병서. 不敢爲主而爲客:감히 주인이 되어 먼저 도
　　전하지 말고 손님이 되어 이에 응함. 不敢進寸而退尺:감히 한 치를
　　전진하지 말고 한 자를 후퇴함. 行無行:행렬 없이 행군함. 앞의 行은
　　동사이고 뒤의 行은 명사임. 攘無臂:팔뚝 없는 팔을 휘두름. 仍無敵:
　　적군이 없는 곳에 나아감. 執無兵:무기 없는 것을 잡음. 禍莫大於輕

敵:적군을 가벼이 여기는 것보다 더 큰 재앙이 없음. 幾喪吾寶:틀림없이 나의 보배를 잃음. 보배는 인자함, 검소함, 겸손함의 세 가지 보배. 抗兵相加:무기를 들고 서로 가격함. 哀者:불쌍히 여기는 사람. 인자한 사람.

【뜻 풀이】 이 장에서는 앞 장을 이어받아 다투지 않는 덕이 道의 극치임을 전쟁으로 비유하여 말한다.

옛날 병법서에 이런 말이 있다.

"이쪽에서 먼저 싸움을 걸지 말고 적군이 먼저 싸움을 걸어오거든 부득이 이에 응하라. 한 치 진격을 생각 말고 한 자 물러나 기다리라."

이와 같이 능동적이고 적극적인 방법을 버리고 피동적이고 소극적인 방법을 취하는 것은 눈에 보이지 않는 대군의 행진과 같고, 눈에 보이지 않는 무서운 팔뚝을 휘두르는 것과 같고, 아무리 적군이 많아도 적군이 없는 곳에 진군하는 것과 같고, 무기를 잡지 않아도 날카로운 무기를 잡고 있는 것과 같다.

전쟁에 있어서의 재앙이란 적군의 생명을 가벼이 여겨 살육을 자행하는 것보다 더 큰 것이 없다. 적군의 생명을 가벼이 알면 반드시 나의 보배인 인자함과 검소함, 겸손함을 잃게 될 뿐 아니라 마침내는 자신의 목숨이나 나라의 운명까지 위태로운 지경에 빠지게 하기 때문이다.

그러므로 전쟁에 임해서는 언제나 인자한 마음으로 사람의 목숨을 불쌍히 여겨 되도록 싸움을 피하는 쪽이 최후의 승리를 거두게 된다.

제31장에서는 '무기는 상서롭지 못한 연모라 군자가 다룰 것이 아니다. 부득이 쓸 때는 담박함이 상책이다. 전쟁에 이겨도 경사로 여겨서는 안 되니 이를 경사로 여기는 자는 사람 죽이기를 좋아하는 것이

라, 사람 죽이기를 좋아하는 자는 천하에서 뜻을 얻지 못한다.' 고 하였다.

또 제67장에서도 '무릇 인자함으로써 싸우면 이기고, 이로써 지키면 견고하다. 하늘도 도와줄 것이니 인자함으로써 스스로를 지키기 때문이다.' 라고 하였다.

제70장 오언심이지(吾言甚易知)

吾言甚易知 甚易行 天下莫能知 莫能行 言有宗 事有
오언심이지 심이행 천하막능지 막능행 언유종 사유
君 夫惟無知 是以不我知.
군 부유무지 시이불아지
知我者希 則我貴矣 是以聖人 被褐懷玉.
지아자희 즉아귀의 시이성인 피갈회옥

　내 말은 매우 알기 쉽고 매우 행하기 쉽건마는 천하에 능히 아는 사람
이 없고 행하는 사람이 없다. 말에는 근본이 있고 일에는 주인이 있는데
대개 이를 모르는지라 나를 알지 못한다.

　나를 아는 사람이 드물기에 나는 귀한 것이다. 이런 까닭으로 성인은
베옷을 입고 안에 구슬을 품는다.

【글자 뜻】 甚:심할 심. 易:쉬울 이. 宗:근본 종. 마루 종. 希:드물 희.
　被:입을 피. 褐:굵은베 갈. 懷:품을 회.

【말의 뜻】 甚易知:매우 알기 쉬움. 言有宗:말에는 근본이 있음. 事有君:
　일에는 주인이 있음. 知我者希:나를 아는 사람이 드묾. 被褐:베옷을
　입음. 懷玉:안에 구슬을 품음. 안에 뛰어난 덕을 지님.

【뜻 풀이】 이 장에서는 인자함, 검소함, 겸손함의 세 가지 덕을 안에 지니
　되 사람들에게 알려지기를 바라지 않음을 말한다.

　　내가 말하는 것들은 모두 無爲自然의 道에 따른 것이기 때문에 누
　구나 이해하기도 쉽고 실천하기도 쉽다. 그런데도 세상 사람들은 이
　를 아는 사람이 드물고 실천하는 사람이 없다.

내가 하는 말에는 근본이 있고 내가 행하는 일에는 주인이 있다. 그 것은 곧 無爲自然의 道에 따르는 것이다. 그런데도 세상 사람들은 이 道의 원리를 모르기 때문에 내가 주장하는 道를 모른다.

그렇지만 세상 사람들 누구나 다 알고 행할 수 있다면 내 無爲自然의 道가 어찌 귀할 수 있으랴! 오히려 알아주는 사람이 드물기 때문에 나의 道가 귀한 것이 아니겠는가!

그렇기 때문에 無爲自然의 道를 지니고 살아가는 성인은 누더기 옷을 입고 안에 보옥을 감추듯, 세 가지 덕을 안에 지니고 '和其光 同其塵' 하는 것이다.

제15장에서는 '옛날의 훌륭한 선비는 미묘 현통하여 그 깊이를 헤아릴 수 없었다.'고 하였다.

제41장에서도 '상등의 선비는 道를 들으면 힘써 이를 행하고, 중등의 선비는 道를 들으면 마음에 두는 듯 마는 듯하며, 하등의 선비는 道를 들으면 크게 웃어버리니 그들에게 웃음 받지 않는다면 道라 하기에 부족한 것이다.' 라고 하였다.

또 제67장에서도 '천하가 모두 나를 크기는 하지만 어리석은 것 같다고 말한다. 대저 오직 크기 때문에 어리석어 보이는 것이다. 만일 똑똑하다면 오래 전부터 작았을 것이다.' 라고 하였다.

제71장 지부지(知不知)

知不知上 不知知病 夫惟病病 是以不病 聖人不病 以
지부지상 부지지병 부유병병 시이불병 성인불병 이
其病病 是以不病.
기병병 시이불병

알면서도 모르는 체하는 것이 최상이요, 모르면서도 아는 체하는 것은
병이다. 대저 오직 병을 병으로 아는지라 병이 없는 것이다. 성인은 병이
없으니 그것은 병을 병으로 아는지라 병이 없는 것이다.

【글자 뜻】病:병들 병. 惟:오직 유.

【말의 뜻】知不知:알면서도 모르는 체함. 不知知:모르면서도 아는 체함.
病病:병을 병으로 앎. 위의 病은 동사, 아래 病은 명사.

【뜻 풀이】이 장에서는 '알고 있으면서도 아는 체하지 않는 겸손의 덕'을
말한다.

　　논어 爲政篇에서 공자는 '아는 것을 안다고 하고 모르는 것을 모른
다고 하는 것, 이것이 아는 것이다.(知之爲知之 不知爲不知 是知也)'
라고 한 말과 대조적이다. 공자는 '아는 것을 안다고 하고 모르는 것
을 모른다고 하라'고 가르치는 반면 노자는 '아는 것도 모른다고 생
각하라'고 가르친다.

　　無爲自然의 道를 알고 있으면서도 알지 못하는 것처럼 겸손한 것은
최상의 덕을 지닌 사람이다. 이와는 반대로 모르면서도 아는 체하는
것은 우환이 된다. 그러므로 미리 이를 걱정한다면 우환은 절대로 닥

쳐오지 않을 것이다.

　無爲自然의 道를 체득한 사람은 우환이 없다. 그것은 모르면서도 아는 체하는 것이 우환의 원인이 된다는 것을 알고 있기 때문에, 알고 있으면서도 모르는 체하여 우환이 없는 것이다.

　제4장에서는 '나의 날카로움 꺾어서 세상의 어지러움에 풀고, 나의 밝은 빛 감추고서 세상 티끌과 뒤섞이니, 깊고 깊어서 영원히 존재함 같도다!' 라고 하였다.

　논어 泰伯篇에 보면, 顔子가 알면서도 모르는 체하는 것을 曾子가 살펴 '유능하면서도 무능한 사람에게 묻고, 지식이 많으면서도 지식이 적은 사람에게 묻고, 있으면서도 없는 것같이 하고, 차 있으면서도 빈 것같이 하고, 침범당하고서도 보복하지 않는 것, 옛날 내 친구인 顔子가 일찍이 이와 같은 일에 힘썼다.' 라고 하였다.

제72장 민불외위(民不畏威)

民不畏威 大威至矣 無狹其所居 無厭其所生 夫唯不
민불외위 대위지의 무협기소거 무염기소생 부유불

厭 是以不厭.
염 시 이 불 염

是以聖人 自知不自見 自愛不自貴 故去彼取此.
시 이 성 인 자 지 부 자 현 자 애 부 자 귀 고 거 피 취 차

사람이 위엄을 두려워하지 않으면 큰 위엄이 내리게 된다. 사는 곳을
좁다고 여기지 말고, 사는 바를 싫어하지 말아야 한다. 대저 오직 싫어하
지 않아야 싫음을 당하지 않게 된다.

이런 까닭으로 성인은 자신을 알되 나타내지 않고, 자신을 사랑하되 귀
하게 여기지 않는다. 그리하여 저것을 버리고 이것을 취하는 것이다.

【글자 뜻】畏:두려워할 외. 威:위엄 위. 狹:좁을 협. 厭:싫어할 염. 見:
　나타낼 현. 볼 견. 去:버릴 거. 갈 거.

【말자 뜻】民不畏威:사람이 위엄을 두려워하지 않음. 威는 天命. 大威:
　하늘이 내리는 벌. 無爲其所居:사는 곳을 좁게 여기지 말아야 함. 無
　厭其所生:사는 바를 싫어하지 말아야 함. 所生은 직업. 自知不自見:
　자신을 알되 나타내지 않음. 自愛不自貴:자신을 사랑하되 귀하게 여
　기지 않음. 去彼取此:저것을 버리고 이것을 취함. 彼는 위엄을 두려
　워하지 않음이고 此는 싫어하지 않음을 가리킴.

【뜻 풀이】이 장에서는 분수 밖의 사리사욕을 버리고 분수를 지켜 스스로
　만족할 줄 알아야 욕됨이 없음을 말한다.

세상 사람들은 自然의 道를 두려워할 줄 모르고 부귀와 공명의 욕심을 쫓다가 패가망신을 당한다. 그러니 마땅히 無爲自然의 道에 따라, 자기가 사는 집을 좁게 여기거나 직업을 싫어하지 말고 이에 만족하며 살 줄 알아야 한다.

스스로 겸손하여 사리사욕을 버리고 자기 처지에 만족하며 살아간다면 누가 그를 싫어하고 미워하여 재앙을 안겨 줄 수 있겠는가?

無爲自然의 道를 지니고 살아가는 사람은 밝은 지혜를 지니고 있으면서도 이를 밖으로 드러내어 자랑하려 하지 않고, 자신을 사랑하되 존귀하다고 생각하지 않는다. 그러므로 사리사욕을 버리고 자기 처지에 만족하는 길을 택한다.

제20장에서는 '남들이 두려워하는 바는 나도 두려워하지 않을 수 없으니, 넓고 멀어서 그것을 다 깨달을 수 없도다.' 라고 하였다.

논어 季氏篇에서 공자는 '군자가 두려워해야 할 것이 세 가지 있으니 天命을 두려워하고, 덕 있는 사람을 두려워하고, 성인의 말씀을 두려워해야 한다. 소인은 天命을 알지 못하여 두려워하지 않고, 덕 있는 사람에게 버릇없이 굴고, 성인의 말씀을 모욕한다.' 라고 하였다.

제24장에서도 '발끝으로 선 사람은 오래 서 있지 못하고 가랑이를 벌려 걷는 사람은 멀리 가지 못하며, 스스로 나타내려는 사람은 드러나지 못하고 스스로 옳다고 하는 사람은 나타나지 못하며, 스스로 뽐내는 사람은 공이 없어지고 스스로 자랑하는 사람은 오래가지 못한다.' 고 하였다.

제73장 용어감(勇於敢)

勇於敢則殺 勇於不敢則活 此兩者 或利或害 天之所
용 어 감 즉 살 용 어 불 감 즉 활 차 양 자 혹 리 혹 해 천 지 소
惡 孰知其故 是以聖人猶難之.
오 숙 지 기 고 시 이 성 인 유 난 지
天之道 不爭而善勝 不言而善應 不召而自來 繟然而
천 지 도 부 쟁 이 선 승 불 언 이 선 응 불 소 이 자 래 천 연 이
善謀 天網恢恢 疎而不失.
선 모 천 망 회 회 소 이 불 실

　억지로 하는 일에 용감하면 죽이게 되고, 억지로 하지 않는 일에 용감
하면 살리게 된다. 이 두 가지의 하나는 이롭고 하나는 해롭다. 그러나
하늘이 미워함에 누가 그 까닭을 알 수 있겠는가! 이런 까닭으로 성인조
차 오히려 이를 어렵게 여기는 것이다.

　하늘의 道는 다투지 않아도 잘 이기고, 말하지 않아도 잘 응하고, 부르
지 않아도 스스로 오고, 느릿느릿해도 잘 계획한다. 하늘의 그물은 넓고
넓어서 성긴 듯하되 놓치는 법이 없다.

【글자 뜻】勇:날랠 용. 敢:구태여 감. 殺:죽일 살. 活:살 활. 惡:미워할
　　오. 악할 악. 孰:누구 숙. 故:연고 고. 猶:오히려 유. 難:어려울 난.
　　爭:다툴 쟁. 善:잘할 선. 착할 선. 應:응할 응. 召:부를 소. 繟:늘어
　　질 천. 謀:꾀할 모. 網:그물 망. 恢:넓을 회. 疎:성길 소.
【말의 뜻】勇於敢:억지로 하는 일에 용감함. 不敢:무리하게 하지 않음.
　　或利或害:한 가지는 이롭고 한 가지는 해로움. 天之所惡:하늘이 미워
　　하는 것. 孰知其故:누가 그 까닭을 알 수 있겠는가! 猶難之:오히려

어렵게 생각함. 不爭而善勝:다투지 않아도 잘 이김. 不言而善應:말
하지 않아도 잘 따라옴. 不召而自來:부르지 않아도 스스로 옴. 繟
然:느릿느릿한 모양. 善謀:잘 계획함. 天網恢恢:하늘의 그물이 넓고
넓음. 疏而不失:성기어도 놓치는 일이 없음.

【뜻 풀이】 이 장에서는 하늘의 道는 소극적이어서 아무것도 하는 일이 없
는 것 같지만 능히 모든 일을 이루어냄을 말한다.

　　용기에는 두 가지 종류가 있다. 즉 일을 억지로 추진해 나가는 적극
적인 용기와 인위적으로 하지 않는 소극적인 용기가 그것이다. 그런
데 무리하게 밀고 나가는 용기는 끝내는 다른 사람을 죽이고 자신마
저 죽이지만, 일을 인위적으로 하지 않고 자연의 법칙에 따라 행하는
용기는 다른 사람을 살리고 자기 자신도 살린다.

　　그렇다면 이 두 가지 용기 가운데 어느 것이 이롭고 어느 것이 해로
운가? 물론 소극적인 용기가 이로운 것은 두말할 여지가 없다.

　　그런데 세상일이란 적극적인 행위가 이득을 보고 소극적인 행위가
손해를 당하는 경우가 많으며 선량한 사람이 어려움을 겪고 악한 사
람이 출세하는 경우가 오히려 더 많다. 그래서 세상 사람들은 목전의
이득을 얻기 위하여 무리하게 적극적인 행동으로 악을 저지르는 일이
많다.

　　이것은 원래 하늘의 道가 소극적이라서 그런 것이다. 하늘의 道는
만물을 생기게 하고 길러내되 그것을 소유하거나 공을 자랑하는 일조
차 하지 않지만, 언젠가는 반드시 억지로 하는 자를 꺾고 하늘의 道에
따라 소극적으로 일하는 사람을 도와주며 악한 자에게 벌을 내리고
선한 사람에게 무한한 복을 준다.

　　그렇지만 그 실천이 너무 더디고 그 방법이 너무 심오하여 세상 사

람들은 하늘이 어느 쪽을 미워하는지 그 이치를 쉽게 깨닫지 못한다. 심지어는 성인조차 그 이치를 헤아려 알기가 어렵다.

원래 하늘의 道는 아무하고도 다투는 일이 없되 모든 만물을 길러 내고, 한마디 말이 없으면서도 모든 선과 악에 잘 감응하여 복과 재앙을 내리고, 누가 부르지 않건만 스스로 나아가 모든 것을 살피고, 느릿느릿하여 아무 하는 일이 없는 것 같지만 모든 계획을 잘 세워 나간다.

이와 같이 하늘의 그물은 한없이 크고 넓어서 모든 만물을 다 덮고도 남으며, 그 그물코는 몹시 성기고 드물어 사람들 눈에 보이지 않지만 하늘 아래 있는 모든 것들을 하나도 빠뜨리지 않고 살펴서, 선량한 사람에게 복을 주고 악한 자에게는 벌을 내리는 것이다.

제36장에서는 '부드러운 것은 굳센 것을 이기고 약한 것은 강한 것을 이긴다.'고 하였다.

제68장에서도 '훌륭한 士官은 남을 앞지르지 않고, 적을 잘 이기는 사람은 어울려 싸우지 않고, 사람을 잘 쓰는 사람은 그 아래에 몸을 둔다. 이를 일러 다투지 않는 덕이라 한다.'고 하였다.

역경(易經) 文言에도 '선함을 쌓는 집안에는 반드시 나머지 경사가 있고 악함을 쌓는 집안에는 반드시 나머지 재앙이 있다.'고 하였다.

또 맹자 梁惠王篇 下에도 '경계하고 경계하라. 너에게서 나온 것은 너에게로 되돌아간다.'고 하였다.

제74장 민불외사(民不畏死)

民不畏死 奈何以死懼之 若使民常畏死 而爲奇者 吾
민 불 외 사 내 하 이 사 구 지 약 사 민 상 외 사 이 위 기 자 오
得執而殺之 孰敢.
득 집 이 살 지 숙 감
常有司殺者殺 夫代司殺者殺 是謂代大匠斲 夫代大匠
상 유 사 살 자 살 부 대 사 살 자 살 시 위 대 대 장 착 부 대 대 장
斲者 希有不傷手矣.
착 자 희 유 불 상 수 의

　백성이 죽음을 두려워하지 않는다면 어찌 죽음으로써 두려워하게 할
수 있으랴! 백성이 항상 죽음을 두려워하게 하면서 잘못하는 자를 내가
붙잡아 죽일 수 있게 한다면 누가 감히 잘못을 저지르겠는가!
　항상 죽음을 맡아 다스리는 이가 있어 죽이는 것이니, 무릇 죽음을 맡
아 다스리는 이를 대신하여 죽이는 것을 큰 목수를 대신하여 나무를 자른
다고 하거니와, 대개 큰 목수를 대신하여 나무를 자르는 자는 손을 상하
지 않는 일이 드물다.

【字자 뜻】畏:두려워할 외.　奈:어찌 내.　懼:두려워할 구.　奇:기만할 기.
　執:잡을 집.　司:맡을 사.　匠:장인 장.　斲:벨 착.　希:드물 희. 바랄
　희.　傷:상할 상.

【말의 뜻】民不畏死:백성들이 죽음을 두려워하지 않음.　奈何以死懼之:어
　찌 죽음으로써 두려워하게 할 수 있으랴!　使民常畏死:백성이 항상 죽
　음을 두려워하게 함.　爲奇者:잘못을 저지르는 사람.　執而殺之:붙잡
　아 죽임.　孰敢:누가 감히 잘못을 저지르랴!　司殺者:죽임을 맡아 다스

리는 이. 즉 하늘. 大匠:큰 목수. 斲:나무를 자르고 깎음. 希有不傷
手:손을 상하지 않는 사람이 드묾.

【뜻 풀이】 이 장에서는 위정자가 하늘의 道로써 나라를 다스리면 백성들
이 악을 범하지 않음을 말한다.

사람은 누구나 삶을 좋아하고 죽음을 싫어하는 것이 본성이다. 그
러므로 위정자가 어진 정치를 베풀어 모든 백성이 배불리 먹고 편안
히 살게 하여 삶을 즐겁게 해 주면 자연히 죽음을 싫어하고 두려워하
게 된다. 이렇게 하고서도 악을 저지르는 자가 있다면 이를 잡아다
벌을 주어야 하거니와 어진 정치를 베풀면 누가 감히 악을 저지르겠
는가?

그렇지만 위정자가 백성을 혹사시켜 세금을 무겁게 거두고 관리들
이 부정과 부패로 백성을 못살게 굴어 헐벗고 굶주림에 시달리게 한
다면, 자연히 위정자를 원망하고 세상을 싫어하며 삶의 즐거움을 모
르고 죽음을 두려워하지 않게 된다. 이렇게 되면 살인과 강도와 절도
등 온갖 악을 저지르게 될 테니 이러고서 악한 자를 잡아다 죽이고 벌
한들 무슨 소용이 있겠는가!

원래 이 세상에 만물을 나게 하고 죽이는 것은 모두 하늘이 맡아 다
스리는 일이다. 봄이 되어 풀이나 나무의 새싹이 돋아나 여름이면 무
성했다가 가을이면 죽어 가고, 사람이나 짐승이나 벌레도 태어났다가
늙으면 저절로 죽어 간다. 이는 모두 하늘만이 할 수 있는 일이다.

사람은 비록 신분의 상하와 빈부의 차이는 있을지라도 근본에 있어
서는 조금도 다를 바 없는 똑같은 사람이다. 사람에게는 사람을 벌하
거나 죽일 권리가 없으며 그 권한은 오직 하늘에게만 있는 것이다. 그
러므로 하늘의 뜻을 받들어 無爲의 정치를 행하는 위정자만이 하늘을

대신하여 악한 자를 처벌할 권리가 있다.

그런데 악한 정치를 행하면서 엄격한 법령을 제정해 놓고 그 법령을 어기는 자를 잡아다 하늘을 대신한다는 명목으로 사형에 처한다면, 이는 마치 큰 목수를 대신하여 작은 목수가 큰 나무를 쪼개고 깎는 것과 같다. 큰 목수를 대신하여 나무를 깎으려는 작은 목수는 필시 그 손에 상처만 낼 뿐이며, 하늘을 대신하여 사람을 죽이는 자는 그 재앙이 반드시 몸에 이르게 될 것이다.

이것은 노자의 사형폐지론이라고 말할 수 있다.

제80장에서는 '작은 나라에 적은 백성, 뛰어난 재능이 있어도 쓰지 못하게 하라. 백성이 죽음을 중히 여기고, 멀리 이사하지 못하게 하라.'고 하였다.

제73장에서도 '하늘의 道는 다투지 않아도 잘 이기고, 말하지 않아도 잘 응하고, 부르지 않아도 스스로 오고, 느릿느릿 해도 잘 도모한다. 하늘의 그물은 넓고 넓어서 성긴 듯하되 놓치는 일이 없다.'고 하였다.

제75장 민지기(民之飢)

民之飢 以其上食稅之多 是以飢 民之難治 以其上之
민 지 기 이 기 상 식 세 지 다 시 이 기 민 지 난 치 이 기 상 지
有爲 是以難治.
유 위 시 이 난 치
民之輕死 以其上求生之厚 是以輕死 夫唯無以生爲者
민 지 경 사 이 기 상 구 생 지 후 시 이 경 사 부 유 무 이 생 위 자
是賢於貴生.
시 현 어 귀 생

백성이 굶주리는 것은 위정자가 세금을 많이 거두어들이기 때문이다.
백성을 다스리기 어려운 것은 위정자가 인위적으로 다스리기 때문이다.
　백성이 죽음을 가벼이 여기는 것은 위정자가 자기의 삶을 두터이 하려
하기 때문이다. 무릇 삶에 대하여 인위적으로 하지 않는 것, 이것이 삶을
귀하게 여기는 것보다 현명하다.

【글자 뜻】飢:주릴 기. 食:먹을 식. 稅:세금 세. 難:어려울 난. 治:다스릴
　　치. 輕:가벼울 경. 求:구할 구. 厚:두터울 후. 賢:어질 현. 貴:귀할 귀.
【말의 뜻】民之飢:백성들이 굶주림. 食稅之多:세금을 많이 거두어들
　　임. 難治:다스리기 어려움. 有爲:인위적인 지혜로 다스림. 輕死:
　　죽음을 가벼이 여김. 求生之厚:지나치게 잘 살려고 애씀. 無以生
　　爲:삶을 인위적으로 하지 않음. 賢於貴生:삶을 귀중하게 여기는 것
　　보다 현명함.

【뜻 풀이】 이 장에서는 위정자가 無爲로 백성을 다스리고, 자신의 삶도

無爲로 다스려야 함을 말한다.

백성은 왜 굶주림에 시달리게 되는가? 그것은 위정자가 세금을 많이 거두어들이기 때문이다. 上古時代에는 백성이 스스로 농사지어 배불리 먹고, 스스로 베를 짜서 따뜻이 입어도 임금의 힘이 전혀 미치지 않아 임금이 있는지 없는지조차 모르고 안락하게 살았다. 이것이 바로 無爲의 정치인 것이다.

그런데 시대가 변함에 따라 위정자들은 온갖 인위적인 시설을 만들고 자기 생활을 호화스럽게 하기 위하여 백성으로부터 많은 세금을 거두기 시작했다. 이리하여 백성들은 일 년 내내 뼈가 부서지도록 피땀을 흘려 일해도 언제나 굶주림과 헐벗음을 면치 못하게 되었다.

백성은 왜 다스리기 어려워지는가? 그것은 위정자가 인위적인 지혜로써 다스리기 때문이다. 제3장에서도 '無爲를 행하기만 하면 다스려지지 않는 경우가 없게 된다.'고 말한 바와 같이 하늘의 道인 無爲로 다스리면 다스려지지 않음이 없게 마련이다.

그런데 위정자가 인위적인 지혜로써 백성을 구속하는 법령과 제도를 만들어 놓기 때문에 백성도 순후한 인심을 버리고 간사한 지혜를 배움으로써 세상에 간악한 무리들이 늘어나 백성을 다스리기가 어려워지는 것이다.

또 백성이 목숨을 아끼지 않고 악을 범하며 죽음까지도 두려워하지 않는 까닭은 무엇인가? 그것은 위정자가 호화스러운 생활을 하기 때문이다. 上古時代 사람들은 거친 밥도 달게 먹고 거친 옷도 아름답게 여기며, 쓰러져 가는 초가집에서도 안락하게 살았다.

그런데 임금과 고관대작들이 산해진미를 먹고 비단옷을 입으며 고루거각에서 호화스러운 생활을 하게 되자 순박한 백성의 마음에도 욕심이 생겨 생활이나 처지가 다른 사람보다 못하면 목숨까지 내걸면서 온갖 부정과 악을 저지르게 되는 것이다.

무릇 사람의 삶이란 인위적인 잔꾀로 욕심을 낼 것이 못 된다. 분수에 맞지 않는 명예와 사리사욕을 추구하다 보면 온갖 악을 저지르게 되며 몸과 마음이 편안할 날이 없게 된다. 오직 無爲自然의 道에 따라 자기 현실에 만족할 줄 알고 살아가는 것이 자신의 삶을 위하는 길이다.

제53장에서는 '조정은 잘 다스려져도 밭은 몹시 황폐해지고 창고는 거의 비어 있다. 문채 나는 옷을 입고 날카로운 칼을 차고 음식을 배불리 먹고 재물에 여유가 있다면 이를 '도둑의 영화'라고 하며, 이는 道가 아니다.' 라고 하였다.

제57장에서도 '내가 無爲로 다스리면 백성은 저절로 교화되고, 내가 고요함을 좋아하면 백성은 저절로 바르게 되고, 내가 일함이 없으면 백성은 저절로 부유해지고, 내가 욕심이 없으면 백성은 저절로 순박해진다.' 고 하였다.

또 제3장에서는 '성인의 정치는 마음을 비우게 하고 배를 채워 주며 뜻을 약하게 해 주고 뼈를 튼튼하게 해 준다. 백성으로 하여금 항상 앎이 없고 욕심이 없게 한다.' 고 하였다.

제50장에서도 '나오면 살고 들어가면 죽는데 사는 무리가 열에 셋 있고 죽는 무리가 열에 셋 있으며, 삶을 움직여 사지로 가는 것 또한 열에 셋 있으니 대체 무슨 까닭인가? 삶을 지나치게 두터이 하려 하기 때문이다.' 라고 하였다.

또 제65장에서도 '옛날 無爲自然의 道를 잘 행하는 사람은 백성을 현명하게 만들려 하지 않고 어리석게 만들려고 했다. 백성을 다스리기 어려운 것은 그들이 지혜가 많기 때문이다. 그러므로 지혜로 다스리는 것은 나라에 해독이 되고, 지혜로 다스리지 않는 것이 나라에 복이 된다.' 고 하였다.

제76장 인지생(人之生)

人之生也柔弱 其死也堅强 萬物草木之生也柔脆 其死
인 지 생 야 유 약 기 사 야 견 강 만 물 초 목 지 생 야 유 취 기 사

也枯槁.
야 고 고

故堅强者死之徒 柔弱者生之徒 是以兵强則不勝 木强
고 견 강 자 사 지 도 유 약 자 생 지 도 시 이 병 강 즉 불 승 목 강

則共 强大處下 柔弱處上.
즉 공 강 대 처 하 유 약 처 상

사람이 태어날 때는 부드럽고 약하나 죽을 때는 굳고 강해진다. 만물인
풀과 나무도 태어날 때는 부드럽고 연하나 죽을 때는 말라서 딱딱해진다.

그러므로 굳고 강한 것은 죽음의 무리이고, 부드럽고 약한 것은 삶의
무리이다. 이런 까닭으로 병력이 강하면 적을 이기지 못하고, 나무가 강
하면 꺾인다. 강하고 큰 것은 밑에 있고, 부드럽고 약한 것은 위에 있다.

【글자 뜻】柔:부드러울 유. 弱:약할 약. 堅:굳을 견. 强:강할 강. 脆:연
할 취. 枯:마를 고. 徒:무리 도. 共:꺾일 공. 함께 공.

【말의 뜻】柔弱:부드럽고 약함. 堅强:굳고 강함. 柔脆:부드럽고 연함.
枯槁:물기가 말라 딱딱해짐. 死之徒:죽음의 무리. 兵强則不勝:병력
이 강하면 적을 이기지 못함. 木强則共:나무가 강하면 꺾임. 强大處
下:강하고 큰 줄기는 밑에 있음. 柔弱處上:부드럽고 약한 가지와 잎
은 위에 있음.

【뜻 풀이】이 장에서는 부드럽고 약함을 귀중하게 여기고, 굳고 강함은

조심할 것을 말한다.

사람이 태어나서 어릴 때는 하늘과 땅의 부드러운 기운을 온전히 지니고 있기 때문에 뼈와 힘줄이 몹시 부드럽고 약하여 구부리고 펴는 것이 자유롭다. 그러다 늙어 죽게 되면 하늘과 땅의 부드러운 기운이 다 없어지기 때문에 사지가 딱딱하게 굳어 자유로이 구부리고 펼 수 없다.

사람만 그런 것이 아니다. 저 풀과 나무도 어린 가지는 부드럽고 연하여 잘 구부러지며 여간해서 바람에 꺾이지 않는다. 그런데 물기가 걷히고 말라서 딱딱해지면 바람이 조금만 불어도 잘 꺾인다.

이것으로 미루어 볼 때 딱딱하고 강한 것은 죽은 것의 무리이고, 부드럽고 약한 것은 산 것의 무리이다. 그러므로 병법도 외곬으로 강하게만 쓰면 적에게 패하게 마련이고, 강한 나무는 바람이나 눈비에 부러지고 만다.

사물의 강하고 큰 것은 나무줄기나 뿌리처럼 아래에 있어서 무거운 짐을 실어야 하고, 부드럽고 약한 것은 어린 가지나 잎처럼 위에 있어 편안히 살게 되는 것이 사물의 이치다.

제10장에서는 '육체를 싣고 道를 지니어 지켜 능히 떠나지 않을 수 있겠는가? 기운을 오로지하고 부드러움을 이루어 어린아이 같을 수 있겠는가? 현묘한 마음의 거울에서 먼지와 때를 깨끗이 닦아 한 점의 흠도 없게 할 수 있겠는가? 백성을 사랑하고 나라를 다스려 능히 無爲를 행할 수 있겠는가? 하늘의 문이 열리고 닫혀도 능히 암컷일 수 있겠는가?' 라고 하였다.

제36장에서도 '부드러운 것은 굳센 것을 이기고 약한 것은 강한 것을 이긴다.'고 하였다.

또 회남자(淮南子) 原道訓에서도 노자의 말을 인용하여 '군대가 강하면 멸하고, 나무가 강하면 꺾인다.'고 하였다.

제77장 천지도(天之道)

天之道 其猶張弓乎 高者抑之 下者擧之 有餘者損之
천지도 기유장궁호 고자억지 하자거지 유여자손지
不足者補之.
부족자보지
天之道 損有餘而補不足 人之道則不然 損不足以奉
천지도 손유여이보부족 인지도즉불연 손부족이봉
有餘.
유여
孰能有餘以奉天下 唯有道者 是以聖人 爲而不恃 功
숙능유여이봉천하 유유도자 시이성인 위이불시 공
成而不處 其不欲見賢.
성이불처 기불욕현현

하늘의 道는 마치 활을 매는 것과 같도다. 높은 것은 아래로 누르고, 낮은 것은 위로 올리고, 남는 것은 덜고 부족한 것은 보충해 준다.

하늘의 道는 남는 것을 덜어 부족한 것을 보충해 주지만 사람의 道는 그렇지 않아 부족한 것을 덜어 남는 것을 받든다.

누가 남는 것으로써 천하를 받들 수 있겠는가? 오직 하늘의 道를 지니고 있는 사람뿐이다. 이런 까닭으로 성인은 일을 하고서도 자만하지 않고, 공을 이루고서도 그 자리에 머물지 않으니, 그것은 자신의 현명함을 나타내려 하지 않기 때문이다.

【글자 뜻】猶:같을 유. 張:펼 장. 弓:활 궁. 抑:누를 억. 擧:들 거. 損: 덜 손. 補:보충할 보. 奉:받들 봉. 孰:누구 숙. 唯:오직 유. 恃:믿을 시. 見:나타낼 현. 볼 견. 賢:어질 현.

【말의 뜻】 猶張弓:활을 매는 것과 같음. 高者抑之:높은 것은 아래로 누름. 下者擧之:낮은 것은 위로 듦. 有餘者損之:남는 것은 덜어냄. 不足者補之:부족한 것은 보충해 줌. 奉有餘:남는 것을 받듦. 有道者:하늘의 道를 지닌 사람. 爲而不恃:일을 하고도 자만하지 않음. 功成而不處:공을 이루고서도 그 자리에 머물지 않음. 不欲見賢:자신의 현명함을 나타내려 하지 않음.

【뜻 풀이】 이 장에서 위정자는 하늘의 道를 따라 공평무사하게 백성을 다스려야 함을 말한다.

하늘의 道는 마치 활을 매는 것과 같이 공평무사하다. 원래 활의 줄을 매기 전에는 줌통이 위쪽에 있고 활고자가 아래쪽에 있지만 줄을 맬 때는 줌통을 누르고 활고자를 올라오게 한다.

하늘의 道는 이와 같이 여유가 있는 쪽에서 덜어내 부족한 쪽을 보충해 주어 골고루 잘살게 하는 것이다. 그런데 사람들이 하는 방법은 어떠한가? 이와는 반대로 가뜩이나 부족한 쪽에서 덜어내어 여유 있는 자의 부를 늘려 주니, 가난한 자는 점점 더 가난해지고 부유한 자는 점점 더 부유해지고 있다.

그러면 누가 부유한 쪽에서 덜어내어 가난한 쪽을 보충해 줌으로써 모든 백성이 골고루 잘살 수 있는 정치를 할 수 있는가? 하늘의 道를 본받아 無爲의 정치를 행할 수 있는 성인뿐이다.

이와 같은 성인은 하늘처럼 겸허한 덕을 지니고 있기 때문에 자신이 훌륭한 일을 하고서도 자랑하는 일이 없고, 공로를 이루고서도 그 자리에 머물러 있으려 하지 않는다. 그래서 백성은 그 공로를 더욱 추모하여 위정자로 모시려 한다. 이는 자신의 현명함을 겉으로 나타내려 하지 않고 그 밝은 지혜를 안으로 감추기 때문인 것이다.

제2장에서는 '성인은 無爲의 일에 처하여 말없는 교화를 베푼다. 만물이 일어나되 사양치 않고, 생겨나되 가지지 않고, 만들어내되 뽐내지 않고, 공이 이루어져도 머물지 않는다. 대저 오직 머물려고 하지 않는지라 떠나는 일도 없다.'고 하였다.

제10장에서도 '만물을 낳고 기르지만 생겨나되 소유하지 않고, 일하고도 공을 뽐내지 않고, 자라게 하되 다스리려 하지 않으니 이를 일러 현묘한 덕이라 한다.'고 하였다.

제72장에서도 '성인은 자신을 알되 스스로를 나타내지 않고, 자신을 사랑하되 스스로를 귀하게 여기지 않는다. 그리하여 저것을 버리고 이것을 취하는 것이다.' 라고 하였다.

그리고 제48장에서도 '학문을 배우면 날로 늘어나고 道를 닦으면 날로 줄어드니, 줄이고 또 줄이면 無爲에 이르게 되고, 無爲라야 하지 못함이 없게 된다.'고 하였다.

제78장 천하유약(天下柔弱)

> 天下柔弱 莫過於水 而攻堅强者 莫之能勝 以其無以
> 천하유약 막과어수 이공견강자 막지능승 이기무이
>
> 易之也.
> 역 지 야
>
> 弱之勝强 柔之勝剛 天下莫不知 莫能行.
> 약지승강 유지승강 천하막부지 막능행
>
> 故聖人云 受國之垢 是謂社稷主 受國之不祥 是謂天
> 고성인운 수국지구 시위사직주 수국지불상 시위천
>
> 下王 正言若反.
> 하왕 정언약반

세상에서 부드럽고 약하기로는 물보다 더한 것이 없지만 굳고 강한 것을 공격하는 데는 이보다 더 나은 것이 없으니 그것은 물과 바꿀 만한 것이 없기 때문이다.

약한 것이 강한 것을 이기고 부드러운 것이 굳센 것을 이긴다는 것을 천하에 모르는 사람은 없지만 이를 실행할 수 있는 사람이 없다.

그러므로 성인이 '나라의 욕된 일을 맡아 다스리는 이를 한 사직의 군주라 하고, 나라의 상서롭지 못한 것을 맡아 다스리는 이를 천하의 제왕이라고 한다.'고 하였으니 올바른 말은 반대의 뜻으로 생각되는 법이다.

【글자 뜻】莫:없을 막. 말 막. 過:지날 과. 於:어조사 어. 攻:칠 공. 易: 바꿀 역. 쉬울 이. 云:이를 운. 受:받을 수. 垢:부끄러울 구. 때 구. 社:사직 사. 집 사. 稷:사직 직. 祥:상서 상.

【말의 뜻】莫過於水:물보다 더한 것이 없음. 莫之能勝:능히 물보다 나은 것이 없음. 以其無以易之:그것은 물과 바꿀 만한 것이 없기 때문임.

莫不知:모르는 사람이 없음.　莫能行:실행하지 못함.　受國之垢:나라
의 욕된 일을 맡아 다스림.　社稷:社는 土地의 신이고 稷은 곡식의 신.
국가를 말함.　不祥:상서롭지 못한 일. 불길한 일.　正言若反:올바른
말이 보통 사람에게는 반대의 뜻으로 생각됨.

【뜻 풀이】 이 장에서는 부드럽고 약한 것이 굳고 강한 것을 이긴다는 것
을 알고 있어도 실행하기는 어려움을 말한다.

　이 세상에서 물보다 더 부드럽고 약한 것은 없다. 막으면 담겨 있고
터놓으면 흘러가고, 둥근 그릇에 담으면 둥글고 네모난 그릇에 담으
면 네모져서 조금도 자신을 고집하는 일이 없다.

　그러면서도 굳고 강한 것을 쳐부수는 데는 물보다 나은 것이 없다.
물은 높은 산을 무너뜨리고 깊은 골짜기를 쓸어 덮으며 큰 바위를 부
쉬 작은 모래로 만들고 쇠붙이를 녹슬게 하여 삭게 만든다. 그래서 쇠
붙이와 바위를 한 칼, 한 주먹에 깨뜨릴 수 있는 천하의 역사(力士)도
물만은 끊어 놓거나 깨뜨릴 수 없는 것이다.

　이처럼 약하고 부드러운 것이 강하고 굳센 것을 이긴다는 자연의
이치를 깨닫지 못하는 사람은 없건만 사리사욕에 눈이 어둡고 마음을
가려 이 無爲自然의 道를 실천하지 못하고 있으니 어찌 한심스러운
일이 아니랴!

　그래서 성인은 '스스로 몸을 골짜기처럼 낮춰 온 나라의 불길한 것
을 받아들이는 이를 한 나라의 사직을 맡아 다스리는 군주라 하고, 나
라의 모든 불길한 것을 스스로의 잘못으로 받아들이는 이를 천하의
제왕이라고 한다.'고 말한 것이다.

　그런데 이와 같이 自然의 道에 부합되는 올바른 말을 세상 사람들
은 반대로 받아들여 견고하고 강한 것이 부드럽고 약한 것을 이기는

것으로 알고 있으니 이는 自然의 道와 상반되는 사고방식인 것이다.

제28장에서는 '그 수컷을 알고서 그 암컷을 지키면 천하의 시냇물이 되고, 천하의 시냇물이 되면 참다운 덕이 떠나지 않아 어린아이로 되돌아간다. 그 흰 것을 알고서 그 검은 것을 지키면 천하의 법도가 되고, 천하의 법도가 되면 참다운 덕에 어긋나지 않아 끝없는 道로 되돌아간다.'고 하였다.

제43장에서도 '천하에서 제일 부드러운 것은 천하에서 제일 굳은 것을 마음대로 부리고, 형체가 없는 것은 틈이 없는 데까지 들어간다. 내 이런 까닭으로 인위적으로 하지 않음이 유익하다는 것을 알겠다.'고 하였다.

그리고 제65장에서도 '이 법칙을 아는 것을 일러 현묘한 덕이라 한다. 현묘한 덕은 깊고도 멀어서 사물과는 반대되지만 마침내 道와 합치하게 된다.'고 하였다.

제79장 화대원(和大怨)

和大怨 必有餘怨 安可以爲善 是以聖人 執左契 而不
화 대 원 필 유 여 원 안 가 이 위 선 시 이 성 인 집 좌 계 이 불
責於人.
책 어 인
有德司契 無德司徹 天道無親 常與善人.
유 덕 사 계 무 덕 사 철 천 도 무 친 상 여 선 인

큰 원한은 풀어 줄지라도 반드시 남은 원한이 있게 마련이니 어찌 착하
다 할 수 있으랴! 이런 까닭으로 성인은 어음의 왼쪽 반만 잡고서 백성에
게 독촉하지 않는다.

덕이 있는 위정자는 어음만을 맡아 다스리지만 덕이 없는 위정자는 세
금을 거두기에 힘쓴다. 하늘의 道는 사사로운 친함이 없어 항상 선량한
사람의 편을 들 뿐이다.

【글자 뜻】 和:화할 화. 怨:원망할 원. 安:어찌 안. 執:잡을 집. 契:문서
계. 責:조를 책. 司:맡을 사. 徹:세금 철. 與:편들 여.

【말의 뜻】 和大怨:큰 원한을 풀음. 餘怨:남은 원한. 安可以爲善:어찌
착하다 할 수 있으랴. 左契:채무자 어음. 契는 어음. 어음을 둘로
나누어 채권자는 오른쪽을, 채무자는 왼쪽을 가졌음. 不責:독촉하
지 않음. 有德司契:덕이 있는 위정자는 어음만을 맡아 다스렸음.
無德司徹:덕이 없는 위정자는 세금을 거두기에 힘씀. 天道無親:하
늘의 道는 사사로이 가까이하지 않음. 선량한 사람을 편듦.

【뜻 풀이】 이 장에서는 위정자라면 백성에게서 세금을 거두기만 힘쓸 것

이 아니라 오히려 채무자처럼 겸허한 태도를 취해야 함을 말한다.

　사람이란 한번 큰 원한을 품게 되면 아무리 친절을 베풀어 그 원한을 풀어 줄지라도 서운한 생각은 끝내 풀리지 않게 마련이다.

　백성을 다스리는 위정자가 세금을 심하게 거두어 일단 백성의 생활을 도탄에 빠지게 한다면 비록 나중에 작은 은혜를 베풀어 구호해 줄지라도 그들의 원한을 깨끗이 씻어 줄 수는 없는 일이다. 그러니 이와 같은 정치를 어찌 선한 정치라 할 수 있겠는가!

　無爲自然의 道를 체득한 성인이 나라를 다스리면 마치 채무자가 채권자를 대하듯 겸손하고 소극적인 태도로 백성을 대할 뿐, 결코 채권자처럼 가렴주구(苛斂誅求)하지 않는다. 그러나 덕이 없는 위정자는 마치 채권자가 채무자를 몰아세우듯 백성에게서 세금을 거두어들이기에 여념이 없다.

　그렇지만 하늘의 道는 조금도 사사로운 친함이 없이 언제나 自然의 道를 따르는 선량한 사람을 편들어 도와주게 마련이니 自然의 道를 거스르는 무도한 위정자의 그 수명이 어찌 오래갈 수 있겠는가!

　제73장에서는 '하늘의 그물은 넓고 넓어서 성긴 듯하되 놓치는 일이 없다.'고 하였다. 또 中庸에서도 '몸을 바르게 하고 남에게서 구하지 않으면 원망이 없다.'고 하였다.

제80장 소국과민(小國寡民)

小國寡民 使有什佰之器而不用 使民重死而不遠徙.
소국과민 사유십백지기이불용 사민중사이불원사

雖有舟輿 無所乘之 雖有甲兵 無所陳之 使民復結繩
수유주여 무소승지 수유갑병 무소진지 사민부결승

而用之.
이용지

甘其食 美其服 安其居 樂其俗.
감기식 미기복 안기거 낙기속

隣國相望 鷄犬之聲相聞 民至老死 不相往來.
인국상망 계견지성상문 민지노사 불상왕내

작은 나라에 적은 수의 백성, 뛰어난 재능이 있어도 사용하지 못하게 하며, 백성들로 하여금 죽음을 중히 여기고, 멀리 이사 가지 못하도록 해야 한다.

비록 배와 수레가 있어도 타고 갈 곳이 없고, 갑옷과 무기가 있어도 진을 칠 곳이 없으며, 백성이 다시 매듭지은 끈을 사용토록 해야 한다.

자신들의 음식을 달게, 옷을 아름답게, 거처를 편안하게, 풍속을 즐겁게 여기도록 해야 한다.

이웃 나라가 서로 바라보이고 닭과 개가 짖는 소리가 들려도 백성들이 늙어 죽을 때까지 서로 왕래하지 않도록 해야 한다.

【글자 뜻】寡:적을 과. 什:열 십. 佰:일백 백. 器:재능 기. 그릇 기. 徙: 이사할 사. 舟:배 주. 輿:수레 여. 乘:탈 승. 甲:갑옷 갑. 陳:진칠 진. 復:다시 부. 結:맺을 결. 繩:줄 승. 甘:달 감. 俗:풍속 속. 隣: 이웃 린. 望:바라볼 망. 鷄:닭 계. 住:갈 왕.

【말의 뜻】 小國寡民:작은 나라에 적은 수의 백성. 什佰之器:보통 사람의 열 배나 백 배의 재능을 가진 인재. 重死:죽음을 중하게 여김. 위정자가 나라를 잘 다스려 백성이 현세에 만족함. 不遠徙:멀리 이사 가지 않음. 舟輿:배와 수레. 無所乘之:타고 갈 곳이 없음. 甲兵:갑옷과 무기. 無所陳之:진을 칠 곳이 없음. 結繩:매듭을 지은 끈으로 의사를 나타냄. 結繩文字. 甘其食:음식을 달게 여김. 美其服:소박한 옷차림을 아름답게 여김. 安其居:초라한 거처를 안락하게 여김. 樂其俗:순박한 풍속을 즐겁게 여김. 隣國相望:이웃 나라가 서로 바라보임. 鷄犬之聲相聞:닭 우는 소리와 개 짖는 소리가 서로 들림. 원시사회를 가리킴. 至老死:늙어 죽을 때까지. 不相往來:서로 왕래하지 않음.

【뜻 풀이】 이 장은 노자가 항상 꿈꾸던 이상향(理想鄕)을 상상으로 서술한 대문이다.

특히 물질문명에 쫓겨 질식할 것 같은 오늘에 사는 우리에게 상실된 인간성을 되찾을 수 있는 유토피아가 바로 여기에 있는 것처럼 느껴지기도 한다.

이웃 나라끼리 서로 바라볼 수 있는 지척의 거리, 홰를 치며 새벽을 알리는 닭 울음소리와 낯선 사람이 나타났음을 알리는 우렁찬 개 짖는 소리가 태고의 적막을 깨뜨리는 한가로운 사회, 스스로 농사지어 먹고 손수 짠 무명옷이나 베옷을 걸치고 초라한 삼간집 초가지붕 아래에서 오순도순 모여 살며 텁텁한 막걸리나 거친 수제비국일망정 이웃과 서로 나누어 먹던, 인정이 듬뿍 어린 순박한 풍속은 진정 어디로 갔는가?

마음의 고향! 일찍이 상실된 인간성을 복귀하는 길이 바로 여기에 있는 것이 아닐까?

나라는 되도록 작아야 하고 백성의 수도 적은 것이 좋다. 그러면 설사 보통 사람의 열 배나 백 배 되는 재능을 타고난 사람일지라도 그 재능을 쓸 곳이 없게 된다.

이런 환경에서 사는 사람들은 각자 자기 생활에 만족하여 살아가기 때문에 죽음을 가볍게 여겨 경거망동하는 일이 없게 되고, 굳이 고향을 등지고 이웃 마을이나 다른 나라로 이사 갈 생각도 하지 않게 된다. 그러니 아무리 교통수단이 발달되어 있을지라도 그것을 이용할 필요가 없고, 아무리 막강한 군사력을 갖추고 있을지라도 그것을 행사할 필요가 없다.

사람들은 다시 태고시절로 돌아가 결승문자(結繩文字)로 그들의 의사를 전달하게 될 것이다. 거친 음식을 달게 먹고 무명옷과 베옷도 부끄러이 여기지 않을 것이며, 초가집 속에서도 행복을 누리며 편안히 살고, 순후한 풍속에서 오가는 따스한 인정을 즐기며 살게 될 것이다.

이웃 나라와 서로 가까이 붙어 있어서 개나 닭의 울음소리가 들려오되 각자 현실생활에서 더 이상 바랄 것 없이 만족하기 때문에 남의 고향이나 남의 나라에서 방황할 필요 없이 태어나서 늙어 죽을 때까지 이 유토피아에서 편안히 산다. 이것이 바로 노자가 이룩하고 싶은 이상향인 것이다.

제3장에서는 '항상 백성으로 하여금 앎이 없고 욕심이 없게 하여 아는 자로 하여금 감히 손댈 수 없게 하는 것이다. 이와 같은 無爲를 행하기만 하면 다스려지지 않는 일이 없게 된다.'고 하였다.

제75장에서도 '백성이 죽음을 가벼이 여기는 것은 위정자가 자기의 삶을 두터이 하려 하기 때문이다. 오직 삶에 대하여 인위적으로 하지 않는 것, 이것이 삶을 귀하게 여기는 것보다 현명하다.'고 하였다.

제81장 신언불미(信言不美)

信言不美 美言不信 善者不辯 辯者不善 知者不博 博
신 언 불 미 미 언 불 신 선 자 불 변 변 자 불 선 지 자 불 박 박
者不知.
자 부 지
聖人不積 旣以爲人 己愈有 旣以與人 己愈多.
성 인 부 적 기 이 위 인 기 유 유 기 이 여 인 기 유 다
天之道利而不害 聖人之道 爲而不爭.
천 지 도 리 이 불 해 성 인 지 도 위 이 부 쟁

신의가 있는 말은 아름답지 못하고, 아름다운 말은 신의가 없으며, 선
량한 사람은 말에 능하지 못하고, 말에 능한 사람은 선량하지 못하며, 앎
이 있는 사람은 박식하지 못하고, 박식한 사람은 알지 못한다.

성인은 쌓아 두지 않지만 이미 가진 것을 남을 위해 써도 내 것은 더
욱 있게 되고, 이미 가진 것을 남에게 다 주어도 내 것은 더욱 많아진다.

하늘의 道는 이로움을 주되 해를 끼치지 않고, 성인의 道는 몸소 이루
되 공을 다투지 않는다.

【글자 뜻】 信:믿을 신. 美:아름다울 미. 辯:말 잘할 변. 博:너를 박. 積:
　쌓을 적. 旣:이미 기. 己:몸 기. 愈:더욱 유. 與:줄 여. 爭:다툴 쟁.
【말의 뜻】 信言:신의가 있는 말. 美言:듣기에 아름다운 말. 辯者:언변이
　능한 사람. 博者:박식한 사람. 不積:재산 따위를 쌓아 두지 않음. 旣
　以爲人:이미 가지고 있는 것을 남을 위해 씀. 己愈有:자기 것은 더욱
　있음. 與人:남에게 줌. 己愈多:자기 것이 점점 많아짐. 利而不害:이
　롭게 해 주고 해로움을 주지 않음. 爲而不爭:몸소 이루되 그 공을 다

투지 않음.

【뜻 풀이】 이 장은 노자 도덕경의 마지막 장으로서 無爲自然의 道의 소극
성을 강조하면서 마무리 짓고 있다.

　　사람들이 하는 말에는 信言과 美言이 있다. 信言이란 마음에서 우
러나온 성실한 말이고, 美言이란 입 끝에서 나오는 거짓된 말이다. 信
言은 귀에 거슬리므로 아름답게 들리지 않는다. 반면 美言은 들을 때
기분은 좋을지 모르지만 진실성이 없어 해독이 될 뿐이다.

　　또 善行을 하는 사람은 말부터 앞세우지 않고 묵묵히 실행한다. 하
지만 화려한 말부터 늘어놓는 사람은 대개 善行을 하지 못한다.

　　無爲自然의 道를 진실로 아는 사람은 아는 체를 하지 않는다. 그러
나 박학다식(博學多識)한 척 떠들어대는 사람은 대개 깊은 지식이 없
게 마련이다.

　　無爲自然의 道를 철저히 깨달은 사람은 재물과 권력, 명예 따위에
욕심이 없다. 그는 자기의 모든 것을 사람들을 위해 쓰고 사람들에게
베풀어 준다. 그러면 그럴수록 명예와 권력이 그에게로 돌아가고 재
물도 더욱 늘어서 돌아오게 된다.

　　요컨대 하늘의 道는 만물을 이롭게 해 주되 해를 끼치지 않는다. 예
를 들면 비를 내리고 햇빛을 주어 봄이면 초목의 싹이 트고 백화가 만
발하게 하며, 여름이면 무럭무럭 자라나 녹음이 우거지게 하고, 가을이
면 열매를 맺게 한다. 가을과 겨울에 눈서리를 내려 초목을 시들게 하
는 것도 얼핏 보기에는 해를 끼치는 것 같지만 실은 안에 기운을 축적
시켜 다음해 봄에 새로운 생장을 도와주기 위한 것이다.

　　無爲自然의 道를 지닌 성인은 이러한 하늘의 道를 본받아 천하 백
성을 위하여 이로움을 주되 결코 그 공로를 차지하려고 다투는 일이

없다. 그리하여 모든 백성은 그에게 공로를 돌리고 더욱 따른다.

제22장에서는 '굽은 나무가 수명을 다 살고, 자벌레는 몸을 굽혔다가 펴며, 물은 파인 곳에 고이고 옷은 해져야 새것을 입으며, 욕심이 적으면 만족을 얻고 아는 것이 많으면 미혹에 빠진다. 그러므로 성인은 한결같이 道를 지녀 천하의 법도가 된다.'고 하였다.

제47장에서도 '문을 나가지 않고도 천하를 알 수 있고, 창문으로 엿보지 않고도 하늘의 道를 알 수 있다. 멀리 나갈수록 그 앎이 더욱 적어진다. 그러므로 성인은 나가지 않고도 알며, 보지 않고도 밝게 살피며, 하지 않고도 이루어낸다.'고 하였다.

제68장에서도 '사람을 잘 쓰는 사람은 그 아래에 몸을 둔다. 이를 일러 다투지 않는 덕이라 하고, 사람을 부리는 힘이라 하며, 하늘의 道에 합치된다 하니 옛날 道의 극치인 것이다.' 라고 하였다.

또 제73장에서도 '하늘의 道는 다투지 않아도 잘 이기고, 말하지 않아도 잘 응하며, 부르지 않아도 스스로 오고, 느릿느릿해도 잘 계획한다.' 고 하였다.

아이의 미래, 교육의 미래를 위한
영감으로 가득 찬 루소의 자연주의 교육 사상서!

'에밀'의 주제는 교육론과 인간론이지만 루소의 탁월한 문학적 표현력을 가장 한국적으로 잘 표현한 역작으로 평가 받고 있다.

Jean-Jacques Rousseau · ÉMILE

장고의 시간을 거친 후 루소가 50세 되던 해인 1762년에 출판된 "에밀"은 제1부 첫 구절을 '신이 만물을 창조할 때에는 모든 것이 선하지만 인간의 손에 건네지면 모두가 타락한다.'로 시작한다. 교육의 근원은 자연과 인간과 사물이라고 말하고 있다. 이중에 자연의 교육은 우리의 힘으로는 어떻게도 할 수 없으며, 사물의 교육은 어느 정도는 우리가 좌우할 수 있지만 우리가 진정 마음대로 할 수 있는 유일한 것이 인간의 교육이다. '에밀'은 또한 보편적인 주입식 교육에 반대하고 전인 교육을 중시했으며, 인간 중에서 가장 순수하게 자연성을 간직하고 있는 어린이에게 자연과 자유를 되돌려 줄 것을 주장하고, 이를 시행하는데 사회와 제도에 때 묻지 않은 "자연주의"를 강조하고 있어 현대인들에게도 귀중한 지침서라 할 것이다.

장자크 루소(Rousseau, J. J.)지음 | 민희식 옮김 | 신국판 양장 | 892쪽 | 정가 35,000원

이 시대를 구성하고 있는 우리 모두에게 사회 전반을 이해하는데 커다란 영향을 미칠 수 있는 역사 인식의 길잡이!!

'역사란, 역사가와 사실들 사이의 상호작용의 부단한 과정이며, 현재와 과거와의 끊임없는 대화이다.'

What is History?

이 책은 역사라는 근본 문제를 하나하나 빠짐없이 논한 역사철학서이다. 〈역사란 무엇인가〉는 아마도 현대에서 가장 새롭고 가장 뛰어난 철학서일 것이다. 이 책의 뛰어난 내용은 E. H. Carr가 직업적인 철학자가 아니라 현대의 가장 탁월한 역사가라는 점과, 따라서 이 책이 그의 오랜 동안의 역사적 연구 및 서술의 경험을 통해 얻은 지혜의 결정(結晶)이라는 점이다.

"역사란 현재와 과거의 대화이다." E. H. Carr는 이 말을 이 책 속에서 여러 차례 반복하고 있다. 이것은 그의 역사철학의 정신이다. 한편으로는, 과거는 과거 때문에 문제가 되는 것이 아니라 우리들이 살고 있는 현재에서의 의미 때문에 문제가 되는 것이며, 다른 한편으로는, 현재라는 것의 의미는 고립(孤立)한 현재에서가 아니라 과거와의 관계를 통해 분명해지는 것이다.

역사란 무엇인가

이 시대를 구성하고 있는 우리 모두에게 사회 전반을 이해하는데 커다란 영향을 미칠 수 있는 역사 인식의 길잡이!!

육문사

E. H. 카 (Edward Hallet Carr) 지음 | 박종국 옮김 | 신국판 양장 | 240쪽 | 정가 13,000원

학문을 키워주는 미래로의 산책

온고지신
인문학

온고지신(溫故知新)

'온고(溫故)'는 옛것을 익힌다는 뜻이고, '지신(知新)'은 새것을 안다는 뜻으로
새로운 것을 알기 위해서 옛것을 익히고 배워야 한다.